U0502819

前言

重复相同的工作，进而提高精度，扩大产能，这样做企业就能发展。这种在过去流行的"企业发展模式"，当今已经难以奏效。

数字革命（数字技术带来的巨大革新）已然到来。在今天，即便是大公司，如果没有持续创新的能力、不主动开拓新的业务领域，也会被别的公司迅速淘汰。

为了生存和发展，所有员工都要主动思考如何开拓新的业务，从而变身成为——"内部创业者"。

过去，日本有很多创新型人才白手起家，创办自己的企业并走向世界，比如松下幸之助（松下电器的创始人）、本田宗一郎（本田公司的创始人）和川上源一（雅马哈公司的创始人）。但在现在的日本，这样的企业家已经屈指可数了。名牌大学的毕业生们离开学校后来到大企业就职，他们感到人生似乎已经没有后顾之忧，于是安于现状，不思进取。抱有这种想法的人，并没有认清21世纪的残酷现实。

有些人在危机来临时却浑然不知，对外部环境的变化反应迟钝，在面对风险时缺乏足够的勇气去承担。他们能做的，就是忖度上司的意思，去讨好上司。对于这种员工，即便鼓励他们去做新的项目，也是白白浪费口舌，他们不会有任何突破。

要培养出内部创业者，我认为有以下三个条件：一是经营者、管理者能提供支持；二是思考能让新项目加速发展的制度；三是加强员工教育。

那么，这三个条件如何实现？本书对此进行了详细的解说，希望对您有所帮助。

此外，本书还不遗余力地介绍了日本极少数的、源源不断地涌现出内部创业者的几家企业，例如CyberAgent、寺田仓库等。相信大家看了关于他们的介绍后，肯定会茅塞顿开，深受启发。

　　企业能否存活下去，关键在于企业能否培养出优秀的内部创业者。关于这一点，即使您现在无法理解，读完本书后，也肯定会明白我为什么这样说了。

　　　　　　　　　　　　　　　大前研一
　　　　　　　　　　　　　　　2019年2月

第一章

数字时代的
内部创业孵化

——大前研一

第二章

CyberAgent的
内部创业战略

——饭塚勇太

第三章 ○○

寺田仓库"迷你仓"云保管业务

——三宅康之

插图制作室　井浩明（STUDIO EYES）

数字时代的内部创业孵化

大前研一

开拓新的业务领域

内部创业者是怎样产生的呢？关键词是"想象力"。

我的公司（Business Breakthrough）经营的ATAMI SEKAIE旅馆[⊖]，当初是一家企业的培训、疗养会馆。虽然所处位置绝佳，但已闲置了十多年。我们公司买下后，重新装修，将它改造成高级旅馆，除了提供住宿之外，还可以举办研讨会和培训活动。自2015年4月至笔者写书之时，营业已有三年多时间，在此期间旅馆的利用率达到了86％，这是前所未有的经营业绩。目前，该项目的经营情况仍然非常好。这个项目的运作结果超出了我的预料。

此外，我们公司曾租下日本东京御台场土地的

⊖ 位于日本热海的温泉旅馆。——译者注

十年使用权。我们在这里建了一个全封闭的购物中心——Venus Fort。我们关注女性的购物心理，有研究表明女性在傍晚时的购物欲会大大增加。为此，购物中心的内部装修采用法国南部乡村风格和意大利风格，并通过调整灯光亮度，每小时都营造一次傍晚的气氛，每年都能成功吸引1000万名顾客前来购物。那些陷入传统经营框架的企业或地方机构，在看到御台场的一片空地后，是否可以想象出这片光景？

开拓新的业务领域，就是这种将想象付诸行动的过程。

那么怎样才能激发员工的想象力？举个例子，把公司的仓库以分公司的形式独立出来，并配备一名经理。仓库独立后，可以衍生出很多新的项目，例如为第三方存放物品、利用物联网提供监控服务等。同样，公司还可以把旗下其他部门（7~8个）都独立出来，让他们开展自己的业务，各自负责自己的损益表和资产负债表，而总公司的总经理统管这些分公司。这样一来，总公司自身业务减少了，就可以集中精力开展核心业务。

比起以前，人们现在开展新业务会更加得心应手。以往需要在公司内部运作的业务现在可以越来越多地分给公司内部新成立的分公司，其他员工则不断提出新的创业想法。是的，这就是内部创业者的扶持和产生系统。当然，这与公司总经理是否有魄力公开宣布"我要让公司内部诞生十位新经理"有莫大的关系。在日本固有的职场环境中，人们已经习惯从底层一步步向上走的升职理念，而这无疑是影响内部创业者诞生的一大障碍。实际上，许多中层管理人员自加入公司以来就非常顺从地接受他们的工作，并按时执行公司交办的任务，然而他们却从未想过要开拓新的业务。

我希望日本各公司的总经理都能学习松下幸之助先生。松下电器是一家很早就通过企业并购逐渐发展、壮大的公司。

松下幸之助先生所在的时代还没有企业并购一词。曾经有家经营不善的公司老板走投无路之下拜会了被称为管理之神的松下幸之助先生，希望其公司能被纳入松下幸之助旗下的产业。松下幸之助先生了解情况后，将他的公司纳入了松下集团。在松下幸之助并购的这些公司里面，有一家便是中川电机公司。如今，冰箱、空调等家电已成为松下集团的核心产品，而这些都是中川电机公司最初经营的业务。顺便说一下，在1977年的松下集团总裁竞争中，成功超越25位董事、脱颖而出荣任松下集团第三任总裁的山下俊彦先生便是来自被并购的中川电机公司。

松下幸之助确立了一套行之有效的并购整合（PMI）方法。首先，他将收购过来的企业拆分，整合为松下电器的一个业务部门，并将该公司的所有产品的牌子更改为松下的品牌，在全国连锁店出售。接下来，将松下电器的会计人员调到该部门的会计岗位，牢牢掌控资金流动。此外，集团内部执行严格的运营审核制度和完备的员工教育制度。

在这种经营方式下，松下集团的业务部门数量不断增加，鼎盛时期达到了370个，经营的产品从卷笔刀到自行车，几乎囊括了人们生活中会用到的所有物品。

此外，部门负责人要制定部门的利润分配表和财务状况表。在这种管理机制下，松下集团人才辈出。

全世界通用的企业家必备心理条件

当今时代，社会的发展日新月异。我们在发展固有行业的同时，必须不断开拓新的领域、不断培育内部创业者（图1-1）。不过，经营者如果没有准

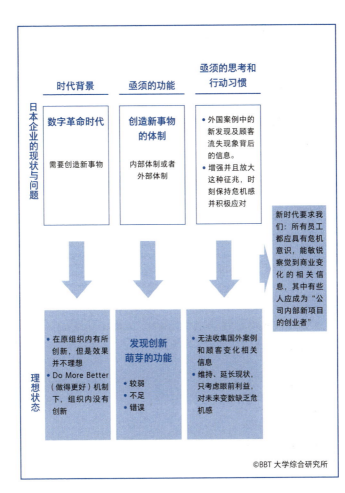

图1-1 企业为什么需要培育内部创业者

确的思路和坚定的意志，则会出现新旧事业难以兼顾、进退维谷的问题。为了避免此类情况的发生，就需要提前在公司内做好创新人才的储备工作。

然而，普通公司里面想要发现这样的"千里马"并非易事。

一直以来，日本公司推崇Do More Better（做得更好）机制，希望员工更好地完成自有业务，因此员工非常不适应创新性工作。

此外，公司的高层管理人员大都秉持传统的工作方法。如果有年轻人尝试做一些新的事情，这些高层管理人员往往会共同反对，新想法只能夭折在萌芽阶段。

在日本，绝大多数公司没有营造出培养内部创业者的环境。因此，利用外部创新资源、让外部人员直接参与内部项目，不失为一种折中之策。

Niwango公司是一家以Niconico动画闻名的信息技术公司，它的招募方式是从高中生中发掘人才，并为他们提供实习机会。公司的管理层认为：与其说服现有员工考虑新计划和业务，不如让那些从小使用智能手机、从初中开始就制作游戏软件的年轻人从事创新工作更为可靠和高效。

在日本的象棋世界里，当时14岁的4段选手藤井聪太创造了29场连胜的新纪录，并引起了公众的关注。但是在日本的电子游戏世界里，如果14岁成名，大家不会觉得他年纪小对他刮目相看，反而认为他成功得太迟了。现在很多小学生不仅玩游戏，而且还在编程。在美国硅谷，几乎见不到日本人的身影，但在游戏界，日本不但起步早，而且表现得非常出色。

东京丸之内附近很多公司都有从名校毕业的员工，我认为他们是最不适合从事创新工作的人。

新业务能否成功只有尝试后才知道。具体来说，无论是软银集团的创始人孙正义还是优衣库的创始人柳井正，他们事业失败的可能性可能会更高。日本的白领们过于遵从20世纪的教育方式——老实地记住答案，在遇到问题时能立即作答，但是他们非常排斥答错受罚。所以，当面临可能发生的风险时，这些人会本能地"踩刹车"。即便想到一些具有划时代意义的策划方案，也会立即否定。他们担心提出这样的建议会被别人嘲笑、反对。

这不是企业家的心态。在战后创立世界一流品牌的日本企业家中，规规矩矩读完大学的可能只有索尼移动通信国际股份有限公司的创始成员盛田昭夫和井深大。而三洋电机公司的创始人井植岁男、本田公司的创始人本田宗一郎、夏普公司的创始人早川德次，这些人并没有顺利地读完大学。正因如此，他们这些人中才创造了不压抑自己本性、突破常规、史无前例的经营方法。

雅马哈公司的川上源一只有高中学历。当初雅马哈公司还只是日本的一家小型乐器厂，而川上源一却立志制造出世界上最好的钢琴。钢琴是西方传统乐器，因此这一难度可想而知。川上源一潜心研究琴弦和木材，这是德国和美国都未曾涉足的领域。与此同时，他投入了大量资金作为注册资本建立了钢琴模具厂，最终实现了自己的既定目标。

另外，在研发不易生锈的快艇外挂发动机时，受川上源一的影响，研发人员在船上居住多年。在业界，雅马哈的快艇外挂发动机除了具备出色的基本性能外，在防锈、防腐方面也具有领先优势，其市场占有率一直保持在世界首位。

一旦目标确定，川上源一就会心无旁骛地去努力实现。在钢琴胶合板加工技术取得突破后，他又专注在弓箭制作上，并热衷于捕猎。在日本的全国钢琴经销商大会上，他曾问大家哪里可以捕猎。得知猎物的消息时，川上源一便立即坐飞机去了那里，三天都没回来。据说他曾因热衷于捕猎而缺席股东大会。

像川上源一这样"不介意偏离正轨，却又意志坚定"的人才会成为创新型人才。

这样的人才还有日本的游戏制作厂商史克威尔公司的创始人宫本雅史、美国的在线支付服务商PayPal（贝宝）创始人之一彼得·蒂尔先生。

普通创业者与内部创业者的不同之处

本书将创业者分为普通创业者和内部创业者两大类。在这里，我想说明一下两者的区别（图1-2）。

普通创业者可以按照自己的喜好和意志定义自己的公司，如同在画布上自由绘画。但是他的资金和人力资源不是事先准备好的，必须自己想办法获得。另外，客户资源方面也需要普通创业者自己开发，所以门槛较高。

普通创业者		内部创业者
白手起家	途径	组织的愿景、战略
从熟人或风险投资公司处筹集资金	资金	由首席财务官负责资金安排
通过熟人或各种渠道招募人才	人才	由人力资源部门负责安排人才
自己做决定	结果	按照公司流程和规则做出决定

内部创业者为了实现自己的目标，需要从战略角度动用公司资源，引导公司参与到自己的事业中

©BBT大学综合研究所

图1-2 普通创业者与内部创业者的不同之处

我经营的"创业者商学院"在20年间培养了大概8000人的普通创业者后备队。其中，只有1/10，也就是800人左右最终创业成功了。即便有很好的想法，如果缺乏资金，也难以创业。为此，我们商学院为在校学生和毕业生提供了一个名为"SPOF"的基金，"SPOF"一词的意思是：对其背部（S⊖）使劲（P⊖）推（O⊖）一把的基金（F⊖）。该基金的项目投资额不超过200万日元，投资比例不超过20％。学院鼓励大家放手经营，并且为他们提供专属帮助，但不会干涉他们的业务。

　　与之相对的是，内部创业者没有普通创业者那种完全的自由，通常需要参考总公司的愿景和战略。但是总公司会为初创公司筹集资金，并可抽调人员为初创公司提供部分人力支持。因此可以说，同样都是开展新业务，社内创业者所遇到的障碍要

⊖ 日语罗马音的首字母。

少得多。例如，普乐士集团的全资子公司爱速客乐公司就是一个成功的社内创业者创业的案例。

普通创业者较为依赖风险投资（VC）。与美国相比，日本在这一领域的发展还较为薄弱（图1-3）。在互联网泡沫经济期间，美国风险投资总额超过1000亿美元。此后，受雷曼兄弟破产影响，风险投资活动曾一度停滞不前。2013年后风险投资的投资额又开始急剧增长，到2015年已恢复到638亿美元的规模，占互联网泡沫经济时期的60％。

在中国深圳，10000亿日元规模的投资基金并不少见。特别是自特朗普当选美国总统以来，非移

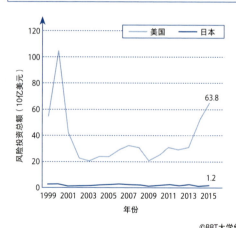

日本、美国风险投资的不同点

美国（硅谷）创业成功的普通创业家会立即卖掉自己的公司，
转身变为风险投资者，比如安德森·霍洛维茨、彼得·蒂尔等

日本没有这样的风险投资

建议具备人才、资金、技术、核心能力的大企业，推进内部创
业者创新制度

©BBT大学综合研究所

图1-3 日本、美国风险投资数额变化

民工作签证的签发标准越来越严格，持有移民签证聚集在硅谷的投资者作为风险投资预备军，正将大量资金转出美国。

在美国，普通创业者一旦创业成功，很快就会出售该公司，并摇身变为风险投资者，例如网景浏览器（Netscape）的研发者马克·安德里森和PayPal的创始人彼得·蒂尔，因为有过创业经验，所以当他们听到其他创业者的提案后，就能敏锐地判断出这个项目是否可行。除了资金支持外，他们还会提供经营方面的建议，甚至派遣公司董事协助创业者管理新公司，在培养、扶持新公司方面不遗余力。所以，很多创业者希望得到他们的青睐，而纷纷求助于风险投资人。

日本几乎没有天使投资人。日本乐天股份公司的三木谷浩史先生虽然以投资人的身份投资并收购了多家公司，但他既没有管理这些公司，也没有派遣人员到这些公司参与经营活动。

公司内部难以开拓新业务的原因

在新业务的筹建和推进方面，一般是由经营管理层负责（图1-4）。但我们认为由一线人员开展新业务才是最佳选择，虽然在现实中要做到这一点会困难重重。

此外，将新业务交由经营策划部推进的公司，效果似乎并不好。经营策划部往往是那些头脑聪明的精英会集之地，这些人惧怕失败，他们会无意识地避开失败，因此他们不适合从事将新的想法付诸商业实践的工作。

公司内部难以开拓新业务的原因还有很多，其中具有代表性的六大原因如下（图1-5）。

（1）与挑战新兴事物遭遇失败的人相比，那些自始至终不去挑战，因而不会失败的人，得到的评价似乎更好一些。

问题：谁在主导并推动公司新业务发展？

调查时间：2015年9—10月
调查对象：从业人员数量超过300人的企业
有效答卷：392份

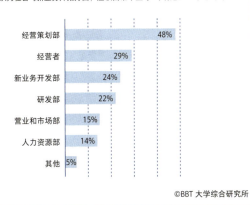

问题：请问您认为在公司新业务开拓方面，应该由谁来主导？（制造业、可选2项）

©BBT 大学综合研究所

图1-4　经营管理层推进企业新业务发展

创新的萌芽被折损的公司内部"风景图"

- 不去挑战的人反而会顺利晋升的公司体制：
  与参与挑战的人相比，不去挑战便不会失败的人反而会得到较高评价
- 不让下属失败的企业文化：
  很多上司惧怕下属的失败会牵连到自己，担心"引火烧身"
- PDCA循环中，只做到了计划：
  在会议桌上寻求是否能100%成功的答案
- 对短期成果的过分苛求：
  新业务培养和发展需要一定的时间，很多公司急于求成
- 夸大风险因素的完美主义：
  需要付诸实践才会厘清的事情，却要提前预测风险并解决，导致整个计划难以
  向前推进
- 过去的成功经历、公司内部规则：
  即便引进外部力量，公司仍然我行我素，按照自己内部规则设置各种条条框
  框，创新在萌芽状态就已夭折

解决这个问题，我们可以改变世界！

什么时候能给我赚来100亿日元啊？

你觉得这个计划行得通吗？

什么，会有风险？我觉得公司不会同意的……

©BBT 大学综合研究所

图1-5 公司内部难以开拓新业务的原因

（2）很多上司惧怕下属的失败会"惹火烧身"。

（3）PDCA（P——计划、D——执行、C——检查、A——处理）中只做到了计划，一直停滞在执行环节。

（4）新业务的培育和发展需要一定时间，而公司急于求成。

（5）创业者无法预见新业务推进过程中会发生什么，但公司处于谨慎起见要求他们提前确认好风险并加以解决。

（6）即便是从外部引进人才或采用新方法，最终公司也还是以内部的条条框框加以限制，创新在萌芽状态就已夭折。

为了防止出现上述问题，我们需要为那些想成为内部创业者的员工提供"母乳"（经营策略和知识经验）和"种子"（股份），为他们架构"新业务的苗床"（图1-6）。

下面举例说明新业务苗床，请参考。

"新业务的苗床"的事例

瑞可利集团

- "32岁退休制"与"38岁退休制"
- 那些没有成功进入公司高层的员工，还可以在公司内创业并获得公司扶持，或者拿到退职金后发展自己的事业
- 发展自己事业的员工可以向公司详述经营计划，公司会判断该计划是否可行，如果可行会提供资金支持

索尼移动通信国际股份有限公司

- 麦肯锡咨询公司提案的两项新业务，提案者本人想开设新公司推进该提案，公司会为其提供资金支持
- 南场智子创立的网络服务公司DeNA
- 谷村格创立的M3公司

> 为那些想成为内部创业者的员工提供"母乳"（经营策略和知识经验）和"种子"（股份），为他们架构"新业务的苗床"。

"母乳"
（经营策略和知识经验）

"种子"
（股份）

"新业务的苗床"

©BBT 大学综合研究所

图1-6　日本企业的课题

瑞可利集团

瑞可利集团创立于1960年，当时是日本东京大学学生报刊《东京大学新闻》的广告代理商，现在已经发展成为日本领先的信息服务公司。

创始人江副浩正曾经将员工的退休年龄定为32岁。新员工入职后需在10年后离开公司。那时公司会支付1000万日元的退休金，凭借这些资金，离职员工可以开展自己的业务。现在他们的退休年龄已经推迟到了38岁，但与普通公司相比仍然非常早。

如果退休年龄定在60岁或65岁，那么新入职的员工就会认为自己担负重要工作的时机还要等20多年，在此之前只要按部就班地听命行事即可，时间久了就会产生极大的工作惰性。如果退休年龄定在38岁，也就是入职15年后就要离开公司。想到这些，员工不用别人催促，入职伊始就会自发地奋斗、努力，为将来的独立储备知识和能力。如果他们不这样做，就会被别人狠狠地甩在后面，因此大家都会拼命工作。

员工到了退休年龄后并非"裸退"，他们还有机会提前向公司董事介绍自己的创业计划。如果这个计划非常出色，公司可能会做出"为此公司将成立新的事业部，由你担任事业部长，统括管理该部门，你意下如何"或者"你就放手去干吧，公司为你提供资金支持"等决定。

瑞可利集团之所以不断开发出新项目，正是因为他们有这样的组织制度和规定。

索尼移动通信国际股份有限公司

应索尼移动通信国际股份有限公司（下称"索尼公司"）的委托，麦肯锡咨询公司提案了三个新的业务项目，其中的两个项目被选作与索尼公司联合开发，并成立新公司。它就是现在的DeNA公司和M3公司。公司创始人分别为曾经任职于麦肯锡咨询公司的南场智子和谷村格。在新公司创立之初，索尼公司允许他们持有25％的股份。索尼公司内部虽然没有开拓新业务的人员，但它能为新公司提供"母乳"（经营策略和知识经验），并有效利用外部人才。

索尼公司、本田公司、三得利公司的创新型人才

曾几何时，日本公司中兴起了一种不断开拓创新的企业文化，在这种文化背景下，日本出现了很多创新型人才。以下将以索尼公司、本田公司和三得利公司为例进行说明（图1-7）。

	索尼公司	本田公司	三得利公司
企业文化	自由豁达，令人愉悦的理想工厂	自由争论	做做看吧
内容	技术人员把技术做到极致时的成就感和喜悦。员工自觉地将技术研发作为自己的使命。公司提供稳定的工作环境	为了创造新价值、新理念，在"追梦者""工作时应有的样子"等企业文化感召下，不论年龄和头衔，员工都可以自由争论	体现开拓者觉悟和责任的语言，推动每位员工一步步向前发展
人才事例	吉田进、大越明男、宫冈千里（特丽珑彩电）大曾根幸三（随身听）大贺典雄（索尼CBS唱片公司）久多良木健（PlayStation家用游戏机） 是否给社内创业者以股权鼓励是非常关键的一项决策。一手打造出索尼唱片公司CBS的大贺典雄成为日本为数不多的超级富豪	河岛喜好（摩托车研发/Dream E型摩托车等）久米是志（发动机研发/本田F1最早的空冷发动机赛车等）中村良夫（第一代F1车队领队）广濑真人（双足步行机器人"ASIMO"）	竹鹤政孝（山崎蒸馏所第一代所长/尼卡威士忌创始者）佐治敬三（啤酒）鸟井信一郎（饮料食品、海外拓展等）开高健、山口瞳、柳原良平（宣传部）

©BBT 大学综合研究所

图1-7 曾经培育出众多新项目的日本企业的文化和人才事例

首先是索尼公司。索尼公司的企业文化可以概括为"自由豁达，令人愉悦的理想工厂"。公司内的工程师对于新技术的开发乐此不疲，把技术研发看作自己的使命。在这种企业文化感召下，索尼公司培养出了特丽珑彩电创始人吉田进、大越明男、宫冈千里，随身听创始人大曾根幸三，索尼CBS唱片公司创始人大贺典雄，以及Play Station家用游戏机创始人久多良木健等多位富有进取精神的人才。

　　其次是本田公司，本田公司的特点就是以"争论不休"的方式创造新价值和新理念。在"工作时应有的样子""追梦者"等企业文化感召下，公司员工之间不论年龄和头衔，都可以自由争论。这就是技术型人才辈出的本田公司。例如，开发Dream E型摩托车的河岛喜好；致力于曼岛TT竞赛中的赛车两用发动机、本田F1首款空冷发动机赛车、RA302发动机研发者久米是志；担任第一代本田F1车队领队的中村良夫；双足步行机器人

"ASIMO"的研发者广濑真人等。现在，本田小型喷气式飞机（Hondajet）在公务机销量排行榜中占据榜首。

最后是三得利公司。其创始人鸟井信治郎的口头禅"做做看吧"便是该公司的企业文化。我在耐克担任了五年外部董事，他们的口号——"Just do it"正是英文版的"做做看吧"。除了鸟井信治郎，进军啤酒领域的佐治敬三和积极拓展海外业务的鸟井信一郎都是极富个性的人。此外，三得利公司的宣传部堪称独一无二的人才宝库，涌现出了芥川奖得主作家开高健、直木奖得主作家山口瞳，以及"得利思大叔"的创作者柳原良平等优秀人才。

内部创业者辈出的企业群

内部创业者的产生要素有以下三点：一是经营

者的支持；二是使新项目加速发展的完善的制度；三是完善的员工教育体系（图1–8）。

那么，内部创业者辈出的企业具体都做了哪些工作呢？

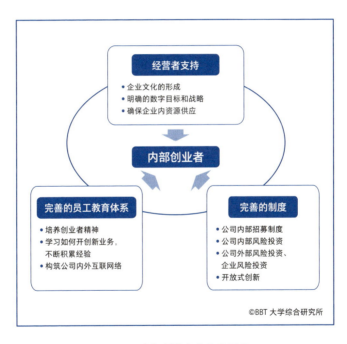

图1-8　内部创业者的产生要素

1．瑞可利集团（图1-9和图1-10）

瑞可利集团秉持"所有员工都是管理者"的理念，在不断创新中取得了快速发展。他们初期主要以纸媒为中心开展业务，而现在正在快速转变为一家从事网络技术和算法服务的公司。

为了将"员工都是管理者"这一企业理念贯彻公司上下，他们设计了一项名为Ring[⊖]的提案，用以鼓励员工对新业务的拓展。1982年，Ring（Recruit Innovation Group）刚刚创立时，它的作用主要是日常经营活动的讨论总结。20世纪90年代后，Ring更名为New RING，其目的特定为新业务开发。Zexy、Car Sensor、R25、Hot Pepper和Study Sapuri等各种新业务由此诞生。

2012年公司集团化后，集团内各分公司都开展New RING活动。自2014年起，集团员工聚

⊖ 1982 年项目名称为 RING，1990 年更名为 New RING，2018 年至今使用 Ring 这一名称。

瑞可利集团各媒体的销售份额

销售份额（%）

- 信息类杂志
- 自由纸媒
- 纸媒
- 互联网

年份

在出版业发展不景气的时代背景下，瑞可利集团较早尝试把纸媒与网络市场整合发展，并获得成功

1982年 • 瑞可利集团的员工在小集体内活动，公司创设新业务开拓制度RING（Recruit Innovation Group）。目的是将"员工都是管理者"的理念渗透到公司每个员工

1990年 • RING演变为特定的创新业务开拓会New RING。直到现在每年都会召开1次，诞生了Zexy、Car Sensor、R25、Hot Pepper和Study Sapuri等各种新业务

2012年 • 集团化后，各分公司分别召开新业务拓展会

2014年 • 瑞可利集团整体推进的新业务开拓制度，以互联网技术为前提开发新业务模型，创业制度进化为New RING–Recruit Ventures。新业务开拓会的召开频率由每年一次变化为每月一次

©BBT 大学综合研究所

图1-9　瑞可利集团新项目开发沿革

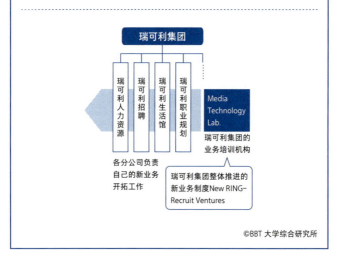

New RING-Recruit Ventures概要

目的：
以信息技术为基础开发新业务模型。面对急速变化的信息技术潮流，新业务开拓会的召开改为每年12次（每月1次）。强化C2C、C2B新服务项目的开发。每年大约有1000多件提案，择其中3~4件推进事业化发展

参加对象：
• 瑞可利集团所有在编员工（项目负责人和项目成员）
• 公司外部人员（只能作为项目成员参与）

步骤：
• 通过初次筛选后可获得项目开发费用（预算为500万日元）
• 3个月的开发时间。通过最终筛选后，提案人还可获得200万日元奖金鼓励
• 其后提案人将自动借调到瑞可利技术研发中心，积极推进提案产品的事业化发展
• 上司不得阻挠提案人调动

瑞可利集团

瑞可利人力资源 | 瑞可利招聘 | 瑞可利生活馆 | 瑞可利职业规划 | Media Technology Lab.

瑞可利集团的业务培训机构

各分公司负责自己的新业务开拓工作

瑞可利集团整体推进的新业务制度New RING-Recruit Ventures

©BBT 大学综合研究所

图1-10　开拓新业务的组织体制

在一起，共同研发基于信息技术的B2C和B2B新业务模型，这一制度进化为目标更为明确的New RING-Recruit Ventures制度。创新会的频率也由每年一次改为每月一次。

如果提案通过初步筛选，公司将支付500万日元作为产品的开发费用。提案人必须使用该费用在3个月内完成产品。如果产品通过公司最终筛选，提案人还可获得200万日元的奖金。提案人将自动从当前部门借调到瑞可利技术研发中心，推进提案产品的事业化发展。此时，提案人的上司不可阻挠该提案人调动工作。

New RING-Recruit Ventures的任务就是培育10年后集团的收益支柱产业。新业务从起步到事业化、部门化发展过程中设有多个评估阶段，采用当前阶段达标后立即推进到下一阶段的门径管理法（图1-11，左）。2014年实施新制度后，瑞可利集团产生了七大新业务项目（图1-11，右）。

图1-11 New RING-Recruit Ventures的新业务

ODM，全称 Original Design Manufacturer，中文为原始设计制造商，是指兼有产品设计和开发的代工企业。——译者注

OEM，全称 Original Equipment Manufacturer，中文为原始设备制造商，是指受委托进行产品生产制造的代工企业。——译者注

2．CyberAgent（图1-12）

一般来说，开拓新业务属于经营战略的一部分，但CyberAgent将其纳入了人力资源制度。在事业与人才的一体化培养框架下，随着新业务的不断开展，企业自身也会不断发展壮大，这就是CyberAgent的经营特点。

为员工准备充满挑战的环境，让他们积累决策经验，即使失败，也会给他们第二次机会。

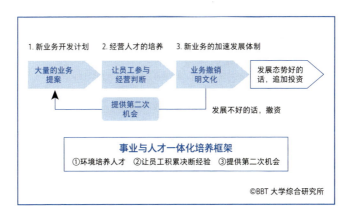

图1-12　CyberAgent有机成长框架

CyberAgent新业务产生机制（图1-13）：明天集训会与NABRA。

明天集训会

- 董事为组长，员工为组员，共同召开2天1夜的明天集训会，在会上大家提出新的业务构思和课题方案
- 每年2次，该会议每次都能确立几个新项目
- 新业务提案人与执行人可以分开
- 截至现在，通过明天集训会成立的分公司达28家

NABRA

- 公司员工组成的新业务开拓组
- 无须公司董事进行最后审查，投资委员会判断其可行后即可推进该项目
- 由10名组员构成，自己的提案通过后需离开该小组，并着手自己提案的新业务。组员由新人补缺
- 也可以与其他公司联合推进新业务计划

©BBT 大学综合研究所

图1-13　CyberAgent新业务产生机制

明天集训会，顾名思义是为了公司的明天献计献策，探讨新业务、讨论课题解决方案的集训会。集训会由公司董事担任组长，公司员工为组员。新业务的提案人和执行人可以相同，也可以不同。集训会每年举行两次，目前从集训会中已诞生28家分公司。顺便说一下，CyberAgent主打的游戏项目就诞生于明天集训会。

NABRA是由公司员工提出创新业务方案，并自己负责该项目推进的新业务产生小组。该小组一共有10名组员，从所有员工中选拔产生。NABRA与明天集训会不同，它产生的提议不需要总经理或其他董事审查，投资委员会认可后即可推进。提案通过后，提案人需要离开小组投身于自己的新项目，小组由新人补缺，组员任期最长为1年。如果在此期间没有开发出新业务，到期全员会被强制退出。

今后，CyberAgent还考虑与其他公司联合开展新业务。

公司培养经营人才的环境也很独特（图1-14）。

业务执行董事替换制度（CA8）指的是公司确定8名董事，原则上每2年更换2名董事的制度。其目的有两点：一是配合公司事业发展的变化；

业务执行董事替换制度	• 确定8名董事，原则上每2年更换2名董事 • 扩充经营人才库，强化组织体制，推动事业发展
下一代经营者培养制度	• 除业务执行董事替换制度确定的8名董事外，另外选拔10名执行董事，合计18名。其目的是培养下一代经营管理人才以及提高公司经营管理的透明度 • 执行董事的任期为1年。最年轻的董事仅有28岁
下一代管理者培养制度	• 培养下一代管理者的制度 • 选拔18名20岁左右年轻员工，参选人员不受部门和职务限制，董事每月为其培训1次
应届生经理制度	• 应届生入职CyberAgent后即被委任分公司经理 • 有人入职第一年就任分公司经理。目前，已诞生40名分公司经理 • 应届生就任分公司经理后，在预算范围内决定自己的薪酬

©BBT 大学综合研究所

图1-14　经营人才的培养环境

二是借此培养和扩充经营人才，从根本上强化组织能力，推进事业发展。通过替换，增加那些懂得经营的董事，使公司管理组织更加强大。

下一代经营者培养制度（CA18）由8名董事和10名执行董事组成，执行董事是公司选拔的出来的人才，被作为下一代经营者培养。这一制度旨在提高公司经营管理的透明度。原则上，每年10名执行董事中的3名需要更换新人。其中，最年轻的执行董事年仅28岁（业务执行董事替换制度和下一代经营者培养制度于2018年10月4日被废除）。

下一代管理者培养制度（CA36）是指选拔出18名20岁左右的年轻人作为下一代管理者后备军，并由董事担任导师，每月进行1次培训的制度。因为任何部门或职务种类都可以参选，所以这一制度改善了公司的内部氛围。在这个制度下，年轻人与董事可进行自由交流。

应届生经理制度，如字面意思，指的是新毕业入职的员工被委任为分公司的经理的制度。这种做法在业界并不罕见，但CyberAgent独特之处在于应届生从入职到就任分公司经理的时间极短，有的人在入职前的内定阶段就被委任为经理了。截至目前，CyberAgent共诞生了40名应届生经理。

CyberAgent不但在新业务的开发和推进方面有独到之处，在业务的取消和撤离方面也有明确的制度（图1-15）。这就是以收益化事业为对象的"CAJJ项目"和以原则上设立2年内的初创事业为对象的"CAJJJ项目"。

CAJJ是CyberAgent业务（Jigyo⊖）和人才（Jinzai⊖）的组合。根据营业利润，公司将业务分为从J1到J3三个等级，并通过设置升级和降级的各项标准来管理业务。项目明确规定，如果某项业务的营收连续两个季度下滑，那么这个业务会被撤

⊖ 日语罗马音。——译者注

通过将分公司和业务进行分级分类，营造出相互切磋的环境，加速企业内部创业

CAJJJ项目

原则上以成立2年内没有盈利的初创企业为对象。根据市值分为"种子期""早期""A系列""B系列""上市前夕"五个级别，分级管理以促进其事业发展。市值在50亿日元以上并成功上市的初创企业，将升级为更高级别的CAJJ项目

CAJJ项目

根据营业收益进行分级，努力促进业务发展。但是，如果连续两个季度营收下滑，那么公司会撤出该业务或更换业务负责人

J1·········季度营收在10亿日元以上

J2·········季度营收在1亿日元以上

J3·········季度营收低于1亿日元

©BBT 大学综合研究所

图1-15　业务取消和撤离制度

销或者业务负责人会被更换。

　　CAJJJ是CyberAgent新开拓业务（Jigyo⊖）、人才（Jinzai⊖）和市值（Jikasougaku⊖）的缩写。原则上该项目以成立2年内没有盈利的初创公司为对象。根据市值，可将公司分为"种子期""早期""A系列""B系列"和"上市前夕"五个阶段，总公司对这些初创公司进行分级管理，帮助其成长。当市值超过50亿日元时，它们将上市并晋升为更高级别的CAJJ项目。如果初创公司在"种子期"持续六个季度无法计算"市值"，或者连续三个季度毛利减少，那么该初创公司将退出该业务。

　　CyberAgent从互联网广告业务起步之后，陆续推出Ameba博客、智能手机游戏和AbemaTV等游戏和媒体服务业务，并且在业务重组过程中不断发展壮大（图1–16）。

⊖　日语罗马音。——译者注

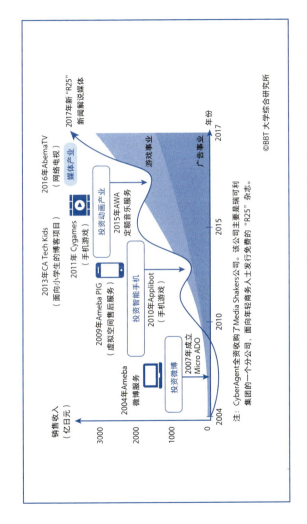

图1-16 CyberAgent业务构成与新业务事例

注：CyberAgent全资收购了Media Shakers公司。该公司主要是瑞可利集团的一个分公司，面向年轻商务人士发行免费的"R25"杂志。

©BBT大学综合研究所

近来CyberAgent的业务重点从纸媒转向电子商务，这一点与瑞可利公司十分类似。

3. 寺田仓库（图1-17）

寺田仓库创立于1950年，历史悠久。它在仓储行业中属于中等规模，因此无法像大公司那样产

- 寺田仓库创立于1950年，历史悠久
- 寺田仓库是仓储行业的中坚力量，虽然尝试扩大事业版图，却因各种原因停滞不前，无法像大公司那样产生规模经济
- 2010年寺田仓库开始改革，追回曾经的创新精神，首先选择和集中适合自身的业务
- 当时的经营原则：寺田仓库没有大公司那种土地资源，所以要顺应时代潮流，增加仓储附加值，开展有别于其他公司的差异化经营

- 寺田仓库相继开发了很多新业务，比如物品云存储服务"迷你仓"、葡萄酒云管理服务"TERRAD WINE STORAGE"、珍贵书画保管保养服务"PIGMENT"等
- 员工经历过新业务的开拓过程，积累了宝贵的经验。内部创业者不断涌现，公司实现了边创新边发展的良性循环

©BBT 大学综合研究所

图1-17　寺田仓库新业务的开发方法

生规模经济，有段时间曾停滞不前，经营堪忧，所以在2010年寺田仓库开始着手改革。既然没有大公司那样广阔的土地资源可以利用，那么就准确把握时代需求，创造增值业务来开展差异化经营。

由此，寺田仓库相继开发了很多新业务，比如物品云存储服务"迷你仓"、葡萄酒云管理服务"TERRAD WINE STORAGE"、珍贵书画保管保养服务"PIGMENT"等。

随着新业务的不断开发，公司员工在积极参与的过程中积累了宝贵的经验，内部创业者不断涌现，实现了不断创新发展的良性循环。寺田仓库在这种循环发展模式下运转得非常顺利。

迷你仓是一项新服务。寺田仓库以每月每箱200日元的价格为客户提供云存储服务（图1-18）。此外，还有通过向其他公司提供迷你仓系统应用程序接口（API）服务而产生的时尚品租赁"云衣"

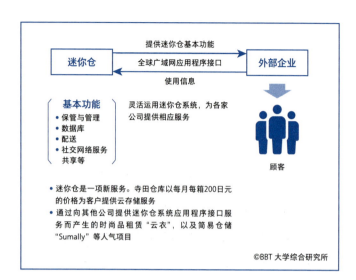

图1-18 迷你仓应用程序接口服务商业流程

（AirCloset），以及简易仓储"Sumally"等人气项目。

4. 索尼公司（图1-19）

种子加速计划（Seed Acceleration Program，缩写为SAP）是索尼公司于2014年4月开始的新业

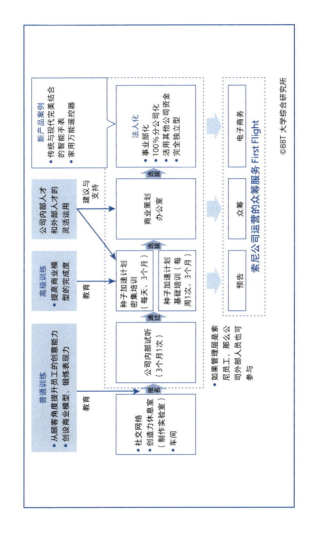

图1-19 索尼公司种子加速计划
（Seed Acceleration Program，SAP）结构图

©BBT 大学综合研究所

普通训练
• 从顾客角度提升员工的创意能力
• 创设商业模型、锻炼表现力

高级训练
• 提高商业模型的完成度

公司内部人才和外部人才的灵活运用

新产品案例
• 传统与现代完美结合的智能手表
• 家用万能遥控器

教育

教育

社交网络
• 创造力休息室（制作实验室）
• 车间

公司内部试听（3个月12次）

种子加速计划密集培训（每天、3个月）

种子加速计划基础培训（每周1次、3个月）

商业策划办公室

法人化
• 事业部化
• 100%分公司化
• 活用其他公司资金
• 完全独立型

报名

通过

建议与支持

选拔

选拔

• 如果管理层是索尼员工，那么公司外部人员也可参与

预告

众筹

电子商务

索尼公司运营的众筹服务 First Flight

务开拓计划，它的目的是通过引进公司外部资源，灵活开展开放式创新活动，加速创意转化过程，持续开拓新的业务领域。

5．软银集团（图1-20）

软银集团内部有家名为软银创新创业的创新孵化分公司，它的业务是不断推进公司内部创新制度实施，使提案商业化。

6．日本交通（图1-21）

日本交通为了对抗在共享汽车领域快速扩张的美国优步公司占领日本市场，设立Japan Taxi（原日交数据服务），与微软日本公司合作研发出租车派车系统"Japan Taxi"，开展与优步相同的业务。为此，川锅一朗卸任日本交通总经理一职，转而担任Japan Taxi的总经理，坐镇指挥该项目，可见日本对优步威胁的重视程度。

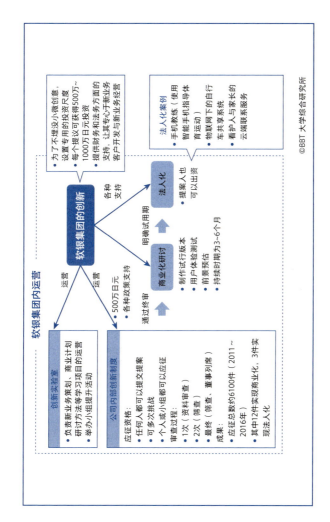

软银集团内运营

软银集团的创新

- 运营
- 运营

创新实验室
- 负责新业务策划、商业计划
- 研讨方法等学习项目的运营
- 举办小组提升活动

公司内部创新制度

应征资格:
- 任何人都可以提交提案
- 可多次挑战
- 个人或小组都可以应征

审查过程:
- 1次(资料审查)
- 2次(筛查)
- 最终(筛查、董事列席)

成果:
- 应征总数约6100件(2011~2016年)
- 其中12件实现商业化,3件实现法人化

500万日元
- 各种政策支持
- 通过终审

商业化研讨
- 制作试行版本
- 用户体验测试
- 前景预估
- 持续时期为3~6个月

明确试用期

法人化
- 提案人也可以出资

各种支持

- 为了不埋没小微创意,设置专用项目的投资尺度
- 每个提议可获得500万~1000万日元投资
- 提供财务和法务方面的支持,让其专心于新业务客户开发与新业务经营

法人化案例
- 手机教练(使用智能手机指导体育运动)
- 物联网下的自行车共享系统
- 看护人与家长的云端联系服务

©BBT大学综合研究所

图1-20 软银创新创业分公司的作用

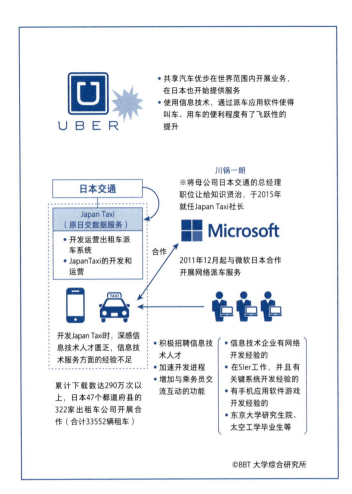

・共享汽车优步在世界范围内开展业务，在日本也开始提供服务
・使用信息技术，通过派车应用软件使得叫车、用车的便利程度有了飞跃性的提升

日本交通

Japan Taxi
（原日交数据服务）

・开发运营出租车派车系统
・JapanTaxi的开发和运营

川锅一朗
※将母公司日本交通的总经理职位让给知识贤治，于2015年就任Japan Taxi社长

Microsoft

合作

2011年12月起与微软日本合作开展网络派车服务

开发Japan Taxi时，深感信息技术人才匮乏，信息技术服务方面的经验不足

累计下载数达290万次以上，日本47个都道府县的322家出租车公司开展合作（合计33552辆租车）

・积极招聘信息技术人才
・加速开发进程
・增加与乘务员交流互动的功能

・信息技术企业有网络开发经验的
・在SIer工作，并且有关键系统开发经验的
・有手机应用软件游戏开发经验的
・东京大学研究生院、太空工学毕业生等

©BBT 大学综合研究所

图1-21 日本交通对"Japan Taxi"的开发

Japan Taxi积极雇用信息技术人员,并迅速完成应用软件的研发工作。目前,Japan Taxi已与日本47个都道府县的322家出租车公司开展合作,应用软件下载数已达290万次以上。

经过此番努力后,如今优步似乎已经很难对日本出租车行业构成威胁了。

7．思科公司(图1-22)

思科公司从内部转型和外部协作两个方面致力于企业创新。

为了鼓励内部创新,公司准备了新业务创新机制"思科无处不在的创新挑战"(Cisco Innovation Everywhere Challenge)。

与此同时,为了从外部引进优秀创意,公司在全球范围内建立了9个创新中心,与初创公司、客户和大学研究人员共同开拓创新项目。他们开发了思科超创新生活实验室(Cisco Hyper Innovation

内部转型 内部创新能力的提升	与外部的协作 积极导入外部优秀的创新计划

思科无处不在的创新挑战
- 思科公司内部创新鼓励机制
- 所有员工能够在工作时间内有所创新思考
- 50多个国家和地区的员工中约半数参加（2015年）
- 应征创新提案达1100件（2015年）
- 其中3件实现商业化

与外部
合作创新

对内部刺激

公司内部出现过"公司总是考虑外部的创意，对我们的置之不理"这样的声音。于是，该项目开始实施

创新中心
- 全球有9个创新中心
- 与初创公司、顾客、大学研究人员合作，共同开发新项目

思科超创新生活实验室
- 开放式创新平台
- 在物流、销售、健康护理等多个领域与顾客、合作伙伴一起，使用物联网等新技术开拓引领社会变革的新事业

全球创新竞赛
- 每年举办一次，奖金总额达25万美元
- 100多个国家和地区的5000多家公司参与（2016年）

公司内外相互作用，营造公司创新文化

©BBT 大学综合研究所

图1-22 思科公司创新构造

Living Labs，缩写为CHILL）这一开放式创新平台，旨在通过万物互联（IoE）的方式，在物流、销售和医疗保健等不同领域内与顾客、合作伙伴一道开拓可引领社会变革的新兴事业。此外，公司每年都会举办全球创新竞赛（Innovation Grand Challenge，缩写为IGC），总奖金为25万美元。2016年，来自100多个国家和地区的5000多家公司参与了该活动。

8．奥多比系统公司（图1-23）

奥多比（Adobe）系统公司（以下简称"奥多比公司"）通过"Kickbox项目"培养创新人才，构建创新型组织文化。

Kickbox项目的参与者都会收到一个红盒子，里面有一张1000美元的预付信用卡、含糖食物（巧克力）、含咖啡因的饮料（星巴克礼品卡）、项目进行指南和必要的工具。在参加完为期两天的研

Kickbox项目

名称	Kickbox项目
目的	• 不以直接创新为目的 • 通过多次失败培养创新者的耐压能力，营造组织创新文化
方法	• 为了激发参与者的创新意识，会给他们发一个装有必要物资的红盒子 • 参与者参加为期两天的研讨会，按照规定的六大步骤分别测试自己的创业是否可行
结果	• 目前已有1400多个项目通过Kickbox实施 • 创意云（Creative Cloud）、图像处理软件（Adobe Photoshop Lightroom）等相关创意已实现商业化 • 没有实现商业化的创意，提案人在业务开发流程中体现的组织能力以及受挫后的学习态度等也会得到公司的正面评价，可能会被提拔为项目经理，进一步发掘其潜在的才能

Kickbox中的物品

• 1000美元的预付信用卡
• 含糖食物（巧克力）
• 含咖啡因的饮料（星巴克礼品卡）
• 项目进行指南
• 必要的工具

©BBT 大学综合研究所

图1-23 奥多比公司的Kickbox项目

讨会后，参与人员需要完成从第1级到第6级的任务，并将他们的想法转化为业务计划。迄今为止，Kickbox已实施1400多个项目。

不过，项目的完成不设期限，参与者也不会因为失败而被处罚或收到差评。这是因为Kickbox项目的初衷不是直接创新，而是通过重复失败来培养创新者。

9．通用电气公司（GE，图1-24和图1-25）

通用电气公司从硅谷学到精益创业"FastWorks"的方法后，将其运用到新产品和新服务的研发上，取得了丰硕成果。

在此之前，新项目立项后便会从公司获得充足的资金和人才投入，即使客户需求和市场发生变化或偏差，项目也很难做出调整。另外，产品研发上需要顾忌产品责任（PL）问题，因此，研发和交付成品需要至少5年的时间。在引入FastWorks

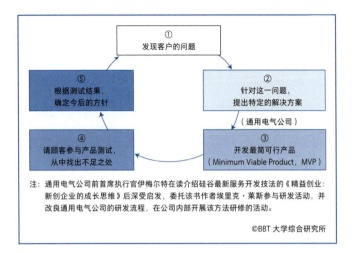

注: 通用电气公司前首席执行官伊梅尔特在读介绍硅谷最新服务开发技法的《精益创业：新创企业的成长思维》后深受启发，委托该书作者埃里克·莱斯参与研发活动，并改良通用电气公司的研发流程，在公司内部开展该方法研修的活动。

©BBT 大学综合研究所

图1-24　通用电气公司精益创业Fast Works

- 第一阶段60～90天，提供2.5万～5万美元的资金，2～3人专任研发人员
- 通过初审后，研发小组会另获5万～15万美元的资金，小组成员可扩充到5～7人
- 同步进行数个项目，不断筛选，最后筛选出可行的产品开发项目
- 通用电气公司目前在全球200—300个项目中使用了Fast Works方法

- 在以前，新项目立项后便会获得公司充足的资金和人才投入
- 即使客户需求和市场发生变化或偏差，项目也很难做出调整

在燃气发动机研发中我们使用Fast Works方法，最初的最简可行产品仅仅用了90天的时间就顺利交货，而以往则需要5年左右的时间。

©BBT 大学综合研究所

图1-25　使用Fast Works方法推进项目

后，第一个最小可行产品（MVP）在90天内生产出来并交付使用，公司请客户对最小可行产品进行测试，并根据结果进行修改，然后制成最终产品。这种方式极大地缩短了研发周期。

通用电气公司已将FastWorks应用于全球200～300个项目。

10．新加坡（图1-26和图1-27）

新加坡把商业运营策略运用到了国家治理中，因此，已完成历史使命的政府部门会被撤销或私有化，这一点与日本不同。没有自然资源，要想生存下去就不能安于现状，要时刻保持创新精神，这就是新加坡的国家方针，因此他们的官员往往具有创业家精神。

新加坡经济发展局（EDB）的使命是吸引外资发展本国经济，为各种公司活动提供支持服务，培养符合本国经济发展的人才。

- 新加坡是个岛国，国土面积与东京23区相近，自然资源匮乏，水资源也不充足
- 没有自然资源，要想生存下去就不能安于现状，要时刻保持创新和企业家精神
- 利用战略要地的地理优势，新加坡成为他国必须依赖的国家

- 因此，新加坡需要拓宽眼界，吸引全世界的人才（精英选拔、双语教育）

©BBT 大学综合研究所

图1-26　新加坡在国家运营方面的考虑

- **使命**
  - 吸引外资发展本国经济，为各种公司活动提供支持服务
- **人事研修、评估系统**
  - 每年参加120小时的外部培训
  - 鼓励到私营公司工作，掌握相关的技能后在行政活动中提供更好的服务，培养与外资公司高层同等水准的工作能力
  - 人事方面完全奉行能力至上原则：升职或离职。不论年龄，靠能力晋升
  - 个人能力有200多种分级标准，3年内如一直处于5%的最低等级的话，需离职
- **薪酬系统**
  - 工资由固定收入和波动收入两个部分组成。其中，波动收入与新加坡1000家上市企业总经理的平均薪酬或国内生产总值增长率挂钩
  - 顶级官员的年收入不低于1亿日元

©BBT 大学综合研究所

图1-27　新加坡经济发展局（EDB）的人才培养方针

因此，经济发展局的职员每年需要接受120小时的外部培训。经济发展局鼓励职员到私营公司工作，掌握相关的技能后在行政活动中提供更好的服务。

在经济发展局，个人能力分级多达200多级，顶级人才年薪轻松超过1亿日元，而能力等级倒数5%的人群，如果连续3年都没有能力提升，就会被辞退。顺便提一下，我曾经在20世纪70年代的前半期作为经济发展局的顾问，参与构建了他们的人才培养系统。

把公司员工作为内部创业者预备队成员进行培养

新业务创新类型（图1-28）

现有企业在新业务创新方面主要有自上而下

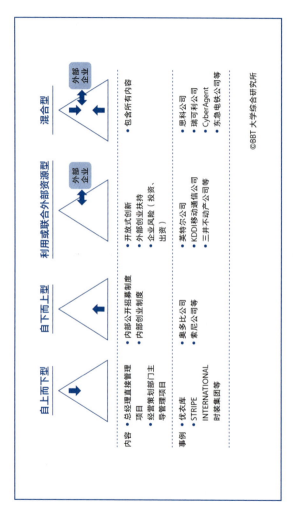

	自上而下型	自下而上型	利用或联合外部资源型	混合型
内容	• 总经理直接管理项目 • 经营策划部门主导管理项目	• 内部公开招募制度 • 内部创业制度	• 开放式创新 • 外部创业扶持 • 企业风险（投资、出资）	• 包含所有内容
事例	• 优衣库 • STRIPE INTERNATIONAL • 时装集团等	• 奥多比公司 • 索尼公司等	• 英特尔公司 • KDDI移动通信公司等 • 三井不动产公司等	• 思科公司 • 瑞可利公司 • CyberAgent • 东急电铁公司等

©BBT 大学综合研究所

图1-28 新业务创新类型

型、自下而上型、利用或联合外部资源型及混合型四种类型。最近，以开放式创新为主的混合型创新体制成为主流。

新业务开发趋势的变化（图1-29）

一种新的业务开发方法正在成为主流，这种方

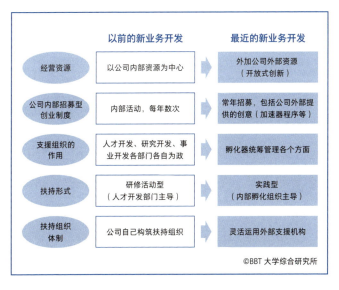

图1-29 新业务开发趋势的变化

法采用了硅谷型的经营管理方式，除内部资源外，还积极利用外部资源。

新的业务开发方法导入项目加速机制，除了内部招募外，还积极通过外部招募的方式扩充新业务项目。此外，对新业务的可行性进行论证时，过去很多公司需要3年多的时间，而现在最多1年。即便项目失败，工作经验也会被导入数据库，为下次创业做准备。

在新业务支援组织的作用方面，过去在人才开发、研究开发、事业开发方面，公司各部门都是各自为政，而现在由创新孵化组织统筹管理。

在扶持形式方面，过去是人才开发部门主导的研修活动型，现在是公司内部孵化组织主导的实践型。

在扶持组织体制方面，也不一定要在公司内部构筑，公司还可以积极利用外部组织。实际上，硅谷有很多顾问可以为创新提供咨询，帮助初创企业。

　培养内部创业者，不应局限在部分员工身上，而应把所有员工当作内部创业者预备队成员进行培养（图1-30）。

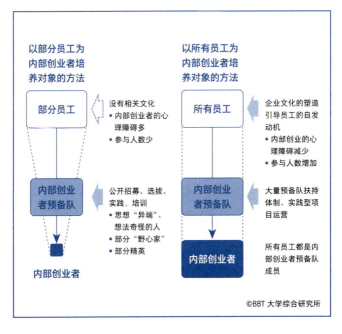

图1-30　培养出内部创业者的经营方式

内部创业者预备队
——外国留学生

　　若要内部创业者源源不断地出现，就需要企业为他们提供所需的营养和文化氛围。然而，令人遗憾的是，企业里面大多数员工并没有晋升的野心，不用说总经理了，就连主管也不想干。他们不是"食肉动物"，而是"食草动物"。在这种情况下，企业只好在招聘员工时加以甄别，多录用"肉食系""偏食系"人才（图1-31）。Dwango公司在高中生里面物色优秀的游戏玩家，以充盈公司人才库。我认为这种做法值得所有企业参考。

　　我建议采用外国留学生作为内部创业者预备队成员。据说来日本留学的外国学生中，80%是中国人。一般来说，除了母语以外，他们还能说英语和日语，绝对是"肉食系"人才，可以活跃在世界任何地方。在日本公司中，Table Mark公司（原

"草食系"商务从业者

- 从年轻人到中年人，"草食系"加速蔓延
  - 自己不想担任领导
  - 更何况是总经理大任
  - 非要我做，只能"绝食"

偏差教育的弊端：低欲望化

开拓新业务必需的内部创业者

- 在世界任何一个地方都能生存下去的"肉食系"人才
  - 全球化人才
  - 留学生、移民
- 在特定领域发挥异能的"偏食系"人才
  - 热爱数据、从小熟练使用手机的一代
  - 性格独特的人
  - 多样化人才

应发掘并培养的内部创业者人才

图1-31 "草食系""肉食系"与"偏食系"从业者

名为加卜吉公司）很好地利用了中国留学生的能力。这家公司在中国有13家工厂，所有工厂的厂长都由在日本雇用的中国留学生担任。

韩国人在本国很难找到工作，因此日本很容易招募到优秀的韩国人才。韩国人的英语能力都很强，入职前即便不会日语，入职后只要学习，学得快的人3个月左右就能用日语交流了。

此外，我们还可在非人事部门雇用那些热爱数据的人、性格独特的人、多样化人才等有特殊才能的人。

内部创业者产生伊始就把他的新业务升级为公司重中之重的项目，这种方式注定会失败（图1-32）。我们首先可以从企业风险投资或者研修项目和加速器项目等容易着手的地方开始。如前文所述，我们可以将公司的仓库分离出来进行公司化经营，并委任一名员工担任该公司的总经理。这样既有效剥离了非核心部门带来的管理负担，又锻炼了员工的经营管理能力。这样逐步推进后，就会

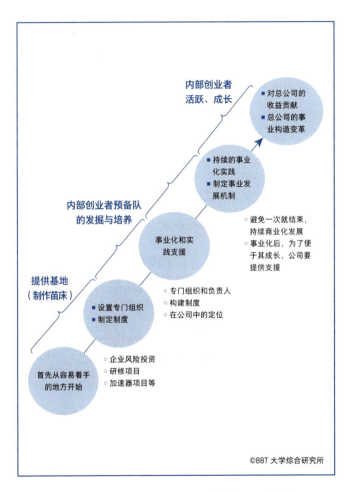

内部创业者
活跃、成长

- 对总公司的
  收益贡献
- 总公司的事
  业构造变革

- 持续的事业
  化实践
- 制定事业发
  展机制

内部创业者预备队
的发掘与培养

事业化和实
践支援

○ 避免一次就结束，
  持续商业化发展
○ 事业化后，为了便
  于其成长，公司要
  提供支援

提供基地
（制作苗床）

- 设置专门组织
- 制定制度

○ 专门组织和负责人
○ 构建制度
○ 在公司中的定位

首先从容易着手
的地方开始

○ 企业风险投资
○ 研修项目
○ 加速器项目等

©BBT 大学综合研究所

图1-32　为了培养内部创业者，企业应采取的步骤

加快公司的发展。

硅谷有一个扶持创业者的生态系统，但在日本却没有这样的组织，因此公司就需要在内部构建一个硅谷型生态系统（图1-33）。

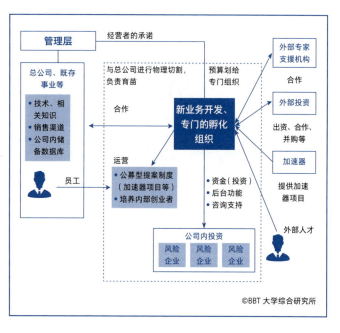

图1-33　新业务开发和内部创业者培养的硅谷型生态系统

最重要的一点是创建一个新项目孵化部门，然后不断积累和总结相关创业数据。如果公司不做这样的总结，而是创业失败后就直接解散该项目或追责负责人，那么公司将永远无法培养出内部创业者。

如果你是富士通公司的员工，可以开拓什么样的新业务

很多日本公司都应盘点一下资源，在盘点过程中肯定会发现新的"宝藏"。构建便于内部创业者产生的制度或系统后，公司就会孵化出"新蛋"。

下面以富士通为例。富士通拥有丰富的资源，例如人工智能、物联网、全球定位系统和大数据分析等新兴技术（图1–34）。那么凭借这些资源，富士通就可以开展除电机行业以外的其他新业务。

1．大米种植

使用大数据预测天气，在最佳时机育苗、插秧、喷洒农药、施肥和收割，这样会大大提高大米产量。

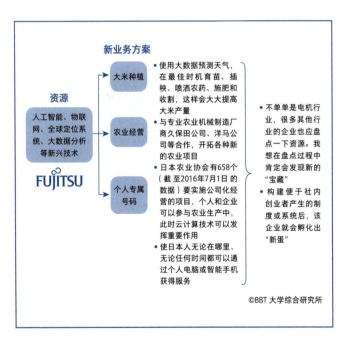

图1-34　假如你是富士通的社内创业者，你会推进哪些新业务？

2．农业经营

与专业农业机械制造厂商久保田公司、洋马公司等合作，开拓各种新的农业项目。

日本农业协会有658个（截至2016年7月1日的数据）要实施公司化经营的项目，个人和企业可以参与到农业生产中，此时云计算技术可以发挥重要作用。

3．个人专属号码

目前，日本按地区实施的个人专属号码制度，通过云计算实现统一化管理，所有日本人无论在哪里、无论任何时间都可通过个人电脑或智能手机获得服务。日本借此可以构筑像爱沙尼亚那样的电子政府。

最后为大家准备了练习题，请大家积极挑战。

2017年5月26日

收录于《ATAMI SEKAIE》

专栏一

课题练习

　　企业盘点与新业务开拓有关的自有资源，看看适合开拓什么新业务领域。为了拓展新业务，请思考企业应如何经营才能培养出内部创业者。请填写表1-1。

表1-1　新业务开拓条件的盘点

项目	内容
1. 与开拓新业务有关的自有资源	
2. 企业适合开拓哪方面新业务	

项目	内容	
3．企业如何经营才能培养出社内创业者（可参照第19页图1-8中的内容）	经营者	
	员工	
	制度构建	

总结

成功的案例和公司政策的"启动速度"非常重要。

● 三个瓶颈：企业氛围、员工能力、管理者能力。

● 作为突破口，首先创建内部创业者成功案例。

● 筛选出内部候选者，支持并伴随其左右，助其成功。

● 通过成功案例，让企业组织产生"原来这样做就可以"的共识。让员工产生"公司能为我们提供这样的平台"的期待，让经营者产生"这样做就能促其成功"的自信。

● 以此打开企业内部创业的大门，并且之后不断完善各项机制。

©BBT 大学综合研究所

第二章

CyberAgent 的内部创业战略

饭塚勇太

饭塚勇太
（Yuta Iizuka）

SIROK公司的董事长兼总经理。

在学生时代开发了照片共享应用软件My 365（我的365）。2011年作为CyberAgent公司的内定者，创建分公司SIROK，并担任董事长兼总经理（现任）。2014年11月创建HASIGO公司，并担任董事长兼总经理。2018年12月起就任CA Mobile（2019年3月更名为CAM）董事长兼总经理。目前兼任两家公司董事长的他，还负责CyberAgent新业务拓展管理工作。

应届毕业生担任分公司总经理的制度

　　CyberAgent成立于1998年，是日本互联网行业中的老牌公司。2017年销售收入约3700亿日元，营业收益约300亿日元（图2-1。参考：2018年的销售收入约4200亿日元，营业收益约300亿日元）。

　　在这个行业中，许多公司都通过并购方式扩大了规模，但我们公司没有进行大规模并购，而是采用在公司内部不断创建新业务的方式，稳扎稳打推进事业发展，这是公司不断发展、壮大的强力保障，也是我们的优势所在。

　　说到CyberAgent，很多人会想到AbemaTV和Ameba博客，但我们公司销售收入份额占比最大的是互联网广告业务，约占公司销售收入总额的51%（图2-2），在专营网络媒体业务的日本广告

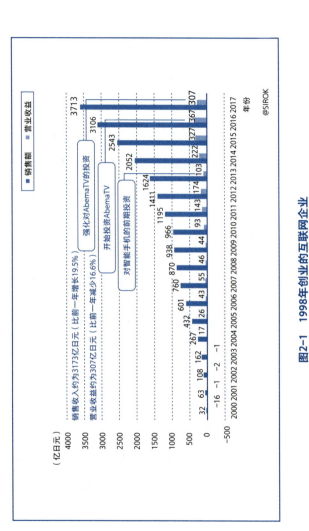

图2-1 1998年创业的互联网企业

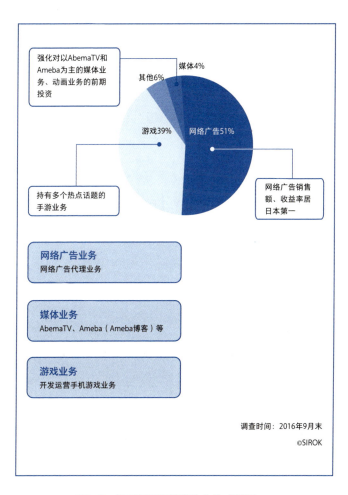

强化对以AbemaTV和Ameba为主的媒体业务、动画业务的前期投资

媒体4%

其他6%

游戏39%

网络广告51%

网络广告销售额、收益率居日本第一

持有多个热点话题的手游业务

网络广告业务
网络广告代理业务

媒体业务
AbemaTV、Ameba（Ameba博客）等

游戏业务
开发运营手机游戏业务

调查时间：2016年9月末

©SIROK

图2-2　公司各领域销售收入构成状况

公司中排名第一。

其次是游戏业务，约占总销售收入的39%。我们有8家分公司专门从事智能手机游戏的研发工作，比如制作《蓝色幻想》游戏的Cygames公司。

AbemaTV和Ameba博客等媒体业务实际上仅占总销售收入的4%，因此，公司正在着力发展媒体业务。藤田总经理亲自主导AbemaTV项目，公司每年对此项目的投资额约为200亿日元。

公司内涌现出众多内部创业者也是CyberAgent公司的特点之一，目前内部创业者总人数已达40余人。公司设立了应届毕业生担任总经理的制度，有意愿的新入职员工在工作第一年，甚至是入职前的内定阶段，即被委任为分公司的总经理（图2–3）。

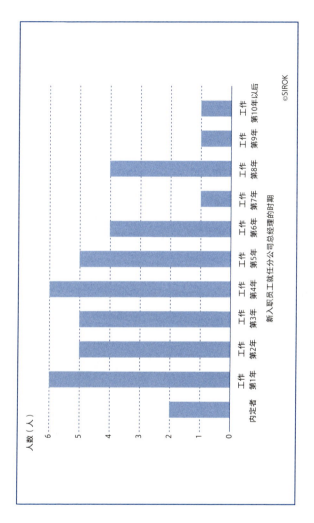

图2-3 内部创业者人数累计40余人

©SIROK

人数（人）

内定者　工作第1年　工作第2年　工作第3年　工作第4年　工作第5年　工作第6年　工作第7年　工作第8年　工作第9年　工作第10年以后

新入职员工就任分公司总经理的时期

入职前创建SIROK公司

在这里以我自身为例，给大家介绍一下CyberAgent社内创业者的相关体验。

我现在担任自己创办的两家公司的总经理一职（截至2017年，图2-4）。

一家是SIROK，它成立于2011年12月，主要从事应用程序工具开发和广告业务；另一家是HASIGO，它成立于2014年11月，主要从事职业支援和外包运营业务。

○ sirok   ⌁ HASIGO

2011年12月创立   2014年11月创立
应用程序工具开发＆广告业务   职业支援＆外包运营业务

©SIROK

图2-4 我的相关公司

创建SIROK时，我还没有入职CyberAgent。在收到CyberAgent工作内定通知后，我与四名大学同学一起研究智能手机应用程序，开发了名为"My365"的应用程序。通过该程序，用户可以每天把一张印象深刻的照片保存在系统里，最后形成自己独特的日历。我们的程序在发布伊始并没有做推广，但它在两三个月内就成为热门产品，下载量超过100万次，访问次数大大超出了我们的预期，因而让我们难以承担服务器的使用费用。

藤田总经理当时建议我将这项服务出售给CyberAgent，并由四位创始人管理这个项目。于是，我们在入职前的2011年12月将SIROK创建为公司。

最终判断由自己来做

SIROK的注册资金（包括储备金）为1亿日

元。当我第一次与藤田总经理商量"宣传费用"时，他说："不用请示，你可以自行决定。"当时我很惊讶，但这对CyberAgent的分公司来说是很正常的。一旦确定了基本规则，分公司的总经理和董事会就可以决定包括工资在内的资金用法及人才的录用、提案的采用战略等具体事宜。

虽说公司鼓励我们放开手去干，但因为缺乏经营经验，分公司成立之后，在经营方面曾出现过很多危机和困难。

当初应用程序用户数量增长非常快，大有超越照片墙（Instagram）之势。但它很快陷入了困境：免费的应用程序只能通过大量客户带来的广告收益存活，没有相当大的访问数量，就很难卖出广告位，即便卖出，所收取的广告费也很低。受制于此，我们的事业发展遇到了瓶颈。

因此，我们当时需要做出决定，是继续保留"My365"还是转到其他业务上。因为总公司让我们自己来判断，所以最终我决定放弃"My365"业务。

接下来大家开始开发一款名为"Pipple"的虚拟现实应用程序。当时CyberAgent经营的"Ameba Pig"很受欢迎，这是一个基于互联网服务器的应用程序，只能在网络浏览器上使用，所以我们计划在智能手机上开发一个类似的应用程序。但是，当时的Wi-Fi环境还不像今天这样成熟，再加上使用时需要消耗大量的数据流量，所以使用起来并不顺畅，我们再次遭遇重大失败。

1亿日元的注册资金包括储备金在1年半后只剩下几百万日元。没有运营资金，公司只能面临倒闭。

经过一番思想斗争，我决定背水一战，重新调整业务方向。我来到CyberAgent 的投资委员会，向委员们说明我的新方案，请求公司再次出资1亿日元。

当时，投资委员会的各位严厉地质问我："最初投入了1亿日元却没能成功。假如再次出资1亿日元你到底有多大胜算？"讨论的结果是公司决定仅追投3000万日元。

之后，我们用这笔资金开发了智能手机推送通知分析服务"Growth Push"。

每年创造数亿日元营业收益的B2B⊖事业

在智能手机应用程序领域要想生存下去，发布广告增加新用户数量固然重要，想尽办法提高用户留存率也非常关键。为此，企业可以使用增长黑客概念，在短时间内提出具体改进方案，提高用户留存率。我们就在这方面深有感触，对这一策略也深有同感，因此我决定将这一想法转变为业务来操作。

⊖ B2B是指企业与企业之间通过专用网络或互联网，进行数据信息的交换、传递，开展交易活动的商业模式。

只不过这是一项B2B业务。而当时，我们一直从事的是B2C[○]业务，没有与其他公司法人打过交道。在这个层面上说，我们的业务内容实现了180度大转弯。因为是背水一战，所以我真诚地把自己的想法解释给员工，并得到了他们的理解和支持。

我们新招聘了销售人员，自己也换上西装，与销售人员一起跑业务，尽自己最大的努力。在我们的坚持之下，该业务推出不久，每天都能收到100件以上来自各应用程序制作公司的咨询文件。而后这一业务稳步发展，达到了营业收入每年数亿日元的水平。

CyberAgent有一项称为"下一代经营者培养制度"的人事制度，即公司选拔年轻员工作为经营管理人才进行培养。最初公司董事人数有8名（业

○ B2C 是指电子商务的一种模式，也是直接面向消费者销售产品和服务商业零售模式。

务执行董事替换制度），之后增加了10名执行董事，业务执行董事替换制度升级为下一代经营者培养制度。下一代经营者培养制度始于2014年（业务执行董事替换制度和下一代经营者培养制度于2018年10月被废除）。

在该制度中，分公司员工也有资格参选，所以当时24岁的我也成为董事会成员之一。只要工作成绩优秀，即便是年轻人也会被赋予很大的权力，这就是CyberAgent的企业文化。顺便说一下，下一代经营者培养制度的成员每年都更换一次，我于2016年第二次当选下一代经营者培养制度的成员。

2014年11月我创建了第二家公司——HASIGO。

目前，SIROK是日本最大的增长黑客平台，我们为全球12000～13000个应用程序提供服务，每月产生10亿～30亿条的推送量。

CyberAgent每半年举行一次大规模员工大会，大会耗资近3000万日元。总公司会在大会上奖励表现优异的员工和分公司。SIROK的近期目标是成为40多家分公司的领头羊，并得到公司的表彰。

给予二次创业机会

CyberAgent设有一个专门处理分公司会计和法律事务的部门，每名员工大概负责15家分公司。

CyberAgent这一做法旨在帮助分公司的管理人员从其他事务中解脱出来，专注于自己的业务。因此，不仅会计事务和法律事务，就连办公室的租赁合同也都由总公司的这个部门处理。但是人才录用方面由分公司自行安排，这是一条铁则。

即便没有创造利润，总公司也会为分公司准备半年到一年的资金。一个新的项目即便看起来很有希望，一开始也不会有太多的投资。如果中途资金短缺，CyberAgent的投资委员会将会审查经营状况并决定是否追加投资。

谈到让年轻人管理分公司这个话题时，经常有人问我："如果这个人失败了，他后面的职业生涯怎么办？"我的答案是：公司会毫不犹豫地给予二次创业机会。

例如，市场环境不好或开发难度高，无论管理者如何努力都很难出成绩，这种情况并不少见。因此，对于那些第一次创业并不顺利的人才，公司也会鼓励他进行第二次、第三次创业。互联网行业不需要大规模的设备投资，因此即便是失败，总公司也不会遭受太大损失。

事实上，在现在40多家分公司的经营者中，不少人曾经历过创业失败，有的人甚至经历过两次失败，而能为创业者做到这一点，也是CyberAgent的优势。

在这种文化土壤中，有的分公司突然消失，有的新公司突然成立，这都已成为常态。

当然员工也可以选择不去分公司做管理工作，而是自己独立出来，但我从未有过这种想法。之所以这样说，是因为随着成绩的积累，员工在CyberAgent公司的话语权和责任范围就会越来越大，在经营活动中越是活跃越能感受到经营的乐趣。与离开公司自己创业相比，我认为这里的环境更适合自身发展。

分公司还有一个优势就是能够得到业务执行董事的管理指导。总公司为每个分公司都安排一名CyberAgent的董事进行帮扶（图2-5）。

分公司的总经理每周或每月至少与董事见一次面，以获得适当的建议和帮助。不过，正如藤田总经理本人也担任AbemaTV的执行董事一样，CyberAgent的董事同时担负经营任务，因此每个人都很忙，没有太多时间指导分公司。因此，分公司的独立程度还是很高的。

CyberAgent采用自己独特的董事替换制度，并决定任命八名董事进行建设性董事会管理，原则上每两年更换两名董事

我们的目标是配合事业战略，选拔适当人员进入董事会，储备大量经营管理人员，构筑强力组织体系，实现公司业务的发展

董事长兼总经理 藤田晋	董事兼副总经理 日高裕介	专务董事 冈本保朗	常务董事 中山豪
常务董事 小池政秀	董事 山内隆裕	董事 浮田光树	董事 曾山哲人

基于业务执行董事替换制度，总公司对分公司进行适当支援

©SIROK

图2-5 内部创业者对业务执行董事替换制度（CA8）的亲身感受

分公司总经理会聚一堂的CAJJ会议

由CyberAgent的人力资源部负责最初各初创分公司的帮扶工作，但现在由CyberAgent新组建

的初创公司总部负责该项工作。

这个部门最具代表性的业务就是CAJJ项目。"JJ"是CyberAgent公司业务（Jigyo⊖）和人才（Jinzai⊖）的首字母组合。该项目已成为分公司的管理指标之一，任务是对30家左右的分公司进行分级管理。其中，季度盈收低于1亿日元的被归类为J3；季度盈收在1亿日元以上的被归类为J2；季度盈收10亿日元以上的被归类为J1。

实际上，各个分公司中利润高的能达到每年200亿日元，利润低的J3级别只有1000万日元。

总公司每月都召开CAJJ会议，所有分公司总经理都会参加。分公司的业务绩效决定各分公司总经理的座位顺序，从营收高的分公司开始发表当月经营数字和业务内容。绩效好的分公司总经理基本上只做汇报就可以了，而绩效不好的分公司总经理

⊖ 日语罗马音。——译者注

往往会遭到大家严厉的批评，有的分公司的业务甚至会被当场撤销。

CyberAgent公司还有一个叫CAJJJ的二线项目。"JJJ"是业务（Jigyo[⊖]）、人才（Jinzai[⊖]）和市值（Jikasougaku[⊖]）的首字母组合。因为大多数初创公司处于亏损状态，所以我们没有使用营业利润，而是使用市值来作为评价指标。

因为无法精确计算，所以我们把市值不满1亿日元的公司称为"种子期"；市值在1亿~5亿日元的称为"早期"；市值在5亿~10亿日元的称为"A系列"；市值在10亿~30亿日元的称为"B系列"；市值在30亿~50亿日元的称为"上市前夕"。市值一旦超过50亿日元，将有幸在CAJJ上"上市"。

CAJJJ大会的作用相当于CAJJ会议，不过CAJJJ大会不是每月举行一次，而是每季度举行一次。

⊖ 日语罗马音。——译者注

董事会决定分公司市值。定价标准是Cyber Agent如果把该公司作为外部公司进行并购时需要支付的金额。因此，在这一标准下的评估市值要远低于普通初创公司的市场估值。

在CAJJ和CAJJJ制度下，集团公司一共约有400人从事新业务，可以说整个集团的业务涵盖了相当广泛的领域。

同时，赋予创业某种博弈气氛，可有效展开团队内的相互学习和良性竞争。另外，我们还设置了内部创业者社区，在这里，员工可以随时和创业前辈们交流，某种意义上它可以降低创业门槛。

初创公司CAJJ 和CAJJJ的撤销标准

CAJJ的撤销标准有以下三点：

（1）持续六个季度亏损。此时，分公司的现金流基本耗尽，总公司会在此时进行业务撤销论证。

（2）连续三个季度毛利减少。虽然分公司规模在一定程度上扩大了，但是经营状况却逐渐恶化，这种情况也是不被允许的。

（3）初期投资1亿日元而不能盈利。虽然有游戏、Ameba TV等例外情况，但是基本上初期投资会控制在1亿日元以内。在该资金范围内做出成绩是CyberAgent的投资规则。

初创公司CAJJJ的撤销标准有以下四点：

（1）资金短缺。即使初始资金不满1亿日元，只有3000万日元或者1500万日元，资金短缺后业务也需终止。

（2）持续亏损六个季度的初创公司。这一点与CAJJ项目相同。

（3）六个季度内连续"无法计算"市值的初创公司。在此期间一直无法实现独立的商业化发展、无法评价市值总额，那么该初创公司只能进入取消论证阶段。

（4）连续三个季度毛利减少。这一点与CAJJ项目相同。

CyberAgent认为新业务门槛越低越好。说得极端点，只要创业者个人没问题，市场环境合理，仅凭一份策划方案就可以获得公司投资。

就互联网商务而言，只要市场本身不错，即便创业失败，与其开发新的市场，也还不如总结上次失败的教训，在原来的市场中重新开拓新的业务，我认为这样成功的机会更大一些。因此，与其花费大量时间完善各种细节以避免创业失败，还不如尽快开展业务。

并且，业务撤销标准明确，损失也是可预见的，所以创业失败的损失不会太大。CyberAgent每年的营业利润约为300亿日元，因此，如果投资金额不超过1亿日元，即便项目失败，对总公司也不会产生太大影响。

　　作为内部创业者，如果提前被告知业务撤销标准，那么当撤销情况发生时，他必须接受公司安排。

初创企业专业推广

　　2016年，CyberAgent成立了九家分公司（图2-6）。这一年的特点是，不论是B2B还是B2C领域，视频

图2-6　2016年成立的九家公司

业务非常多。同时，公司在匹配业务上投入了大量精力，其中两家公司都推出了支持异性见面、交友的互联网服务。

在这九家分公司中，AstroBox和Dot Money经营的业务最初与Ameba博客属于同一部门，后来被单独分出来，实行公司化运营。像这种本来是业务部，后来作为分公司分离出来的情况有很多。

老实说，由于CyberAgent本身规模大，在业务部中即便每季度创造1亿日元的利润，也不会引人关注。因此，有能力的人都纷纷在CyberAgent内创办自己的公司。

为了培养大家积极参与内部创业的兴趣，CyberAgent每年会发行四次有关初创公司的内部期刊，向大家介绍集团都有哪些分公司，以及这些分公司都在经营什么业务等。

此外，CyberAgent还举办仅由分公司总经理参加的初创公司大会。大会上表彰市值总额高的分公司总经理，以此来激励后进者。同时，CyberAgent也可以借助表彰大会，为所有员工树立工作方面积极向上的典范。

此外，为了培育和支援创业公司，CyberAgent设置了专门服务于创业公司的广告宣传部门。原来的广告宣传部门主要从事CyberAgent关键业务Abema TV的推广工作，而各个分公司都专注于自身的业务，腾不出手来参与自己公司的推广活动，因此，CyberAgent成立了专门面向初创公司的广告宣传部门，这一举措是十分有必要的。

积极推进开放式创新

曾经有外部人员向我咨询CyberAgent的相关创业制度。我跟他说，目前是在执行这种制度，但半年或者一年后就不一定了。事实上公司的制度经常在变化。

CyberAgent公司的发展特点之一就是定期更换主营业务。同样，在管理体系方面，CyberAgent也会根据时代发展或者自身状况果断地进行改进。

灵活制定制度并非易事，能做到这一点也是CyberAgent的魅力和优势所在。

CyberAgent不靠并购扩张，而是利用自身力量实现创新和发展，积极推进开放式创新机制。例如，Abema TV与朝日电视台合作，也与爱贝克思集团合作推出AWA在线音乐发布服务等。

在新业务开发方面，CyberAgent也同样注重开放式创新，最典型的就是FUSION项目，这个项目是由瑞可利集团和我们公司员工组成合作团队，共同开展的新业务。CyberAgent擅长娱乐和广告业务；而瑞可利集团是一家致力于解决客户的"不安、不满"等与"不"相关问题的公司。该项目的初衷是通过两家公司的合作，让员工之间发生"化学反应"，合力开发从未有过的新业务。目前，该项目已显现良好成效。

此外，新业务研究小组NABRA也是CyberAgent在新业务拓展方面的一大尝试。

CyberAgent从一线员工中募集新业务提案，对提案者面试后，将范围缩小至10人。每两周左右召开一次研讨会，提案者在非工作时间在总公司的初创总部开会。根据反馈情况，提案者不断完善提案内容。NABRA的特点就是一线员工即可决定是否将该提案付诸实践。

新业务制度制定方面的重点

在发掘内部创业者方面，很多公司采用比赛的形式。CyberAgent 2007～2016年每半年举行一次名为"开创事业"的竞赛，但效果并不理想。最多的一次收集了500个提案，但质量都一般，没有形成新业务。

这是为什么呢？原因之一是人的问题。目前，CyberAgent批准新业务，一是看人的能力，二是看市场。但是在创业竞赛时期，CyberAgent仅看重提案内容，并没有重视提案人是否能够胜任新业务责任人的角色。

原因之二就是比赛每半年才举行一次。互联网行业的商业环境瞬息万变，但创意要等半年左右才能提交，即便是好创意，也已错失良机，很难进入市场。

于是，该竞赛后来改为"开创事业创造NEO"，取消时间限制，随时都可以通过邮件等形式进行提案。尽管如此，因为仍然存在人与项目的匹配问题，所以效果也并不明显。

后来该项工作又改为NABRA。我想NABRA也并非最终形式，半年或一年后很可能进化到另一种形式。

　　我个人认为，在孵化新业务方面，选择业务重点和做好制度制定工作是最重要的。

提案数、实施数、创意数、责任人

　　提案数重要还是实施数重要？是收集大量创意方案的企业文化重要，还是将好的业务做大做强，以及好业务一个就够的想法重要？思路不同，效果完全不同。

　　对CyberAgent来说，需要的是实施数。创业竞赛时期，CyberAgent过于重视提案的数量，因此，并没有取得好的效果。后来，CyberAgent对此深刻反省，减少人数，对于可行性高的项目，重质量不重数量，把它培养起来，这就是现在的NABRA制度。

另外，是创意重要还是负责人重要？也就是说，公司应该注重收集到好的创意，还是发现有才华的业务经理？显然，CyberAgent更注重后者。但是创业竞赛时期，CyberAgent把前者当作了重点，这是新业务孵化失败的原因。而在NABRA制度下，与创意提案本身相比，公司更注重人才的发掘。比如，这个人是否具备社内创业者的能力和性格。

从这个角度上看，让提交提案的一线员工去执行这个提案，实际上增加了创业难度。目前，CyberAgent正在考虑是否将发掘社内创业候补人和创意提案分开执行，分别纳入到制度的制定中。

很多公司都通过提案来发掘内部创业者候补人员，我想是否应该转换一下角度，在人才发掘与事业推行上采取更为灵活的策略。

也就是说，在创建新业务的预备期，尽量降低门槛；在商业化运用后，提高评估标准。当然，评估指标要客观、公正，让人信服。

专栏二

作者访谈——饭塚勇太

问题1. 瑞可利集团要求社内创业者曾经有过某种经历，这种经历使得他愿意为新事业付出一生的努力。在CyberAgent公司，有的创业者从事的事业，其创意可能并非来自他本人，那么在这种没有原始经历的情况下，他们还能保持工作动机吗？

饭塚勇太： 这一点，我们从未讨论过。不过，从创业目的的角度来看，瑞可利集团是为了解决客户的"不安""不满"等与"不"相关的问题，而我们公司的目标是成为引领21世纪发展的新型公司。我认为业务内容与工作动机没有太大关系。

问题2.内部创业者可以持有自己公司的股份吗?

饭塚勇太:从总公司独立出去的分公司,有的已经上市,但基本上如果子公司仍在总公司内部,那么内部创业者不能持有自己公司的股份。

问题3.创业失败后公司还会提供二次创业机会,那么在开展新业务前,公司会怎样安排该创业者呢?

饭塚勇太:公司询问创业者是否打算撤销现有的业务时,董事还会为他介绍新的业务,创业者不会被搁置在一边。

问题4.分公司总经理可以自由裁量员工的工资额度吗?

饭塚勇太:有的公司完全是自己裁量工资。不过大部分都会寻求董事的意见。如果经营方面连续亏损，还给自己定下高工资的话，我想肯定会被董事否决。

问题5. 关于业务执行董事替换制度和下一代经营者培养制度，请问您成为董事的动机是什么？

饭塚勇太： 成为公司重点发展领域的经营者，并被擢升为董事，这件事本身就是最大的动机。即使当上了董事，工资和权力也不会增加多少，所以这两点可以排除在动机之外。

问题6. 公司在人才培养方面有什么重点吗？

饭塚勇太： 互联网公司往往喜欢采用有工作经验，可以立即投入使用的人才。但是我们公司的人才战略重点是：招聘应届生，从零开始培养他们的战斗力。有很多员工是在CyberAgent企业文化感召下加入公司的，入职后几乎没有人对公司的文化

和氛围觉得有违和感。

问题7．活跃于工作一线的员工，被选为NABRA成员后，会不会与一线部门发生人事纠纷？

饭塚勇太： 即便该组员在一线负责重要工作，只要他本人的意愿是成为社内创业者，那么公司会尊重本人意愿。只不过，如果该员工处于CyberAgent重点推进的项目或岗位上，有可能会被公司叫停，留在原岗位。

问题8．被NABRA选中的人都有哪些特点？

饭塚勇太： 没有客观指标。非要说的话，我们会参考接触过的分公司总经理，做出一个相对客观的判断。

问题9．让CyberAgent变得更强大是贵公司内部创业者的工作动机。但CERES的总经理都木聪、

VOYAGE GROUP的总经理宇佐美进典都是CyberAgent出身，他们给人的印象却完全不同。是员工的思维方式发生变化了吗？

饭塚勇太：与原来相比，新入职员工中的应届生比例明显增多。这一点恰恰说明越来越多的人认同CyberAgent优秀的企业文化。

问题10．饭塚勇太先生自身是怎样掌握相关业务技术和管理能力的？

饭塚勇太：我想这是在责任与权限非常明确的公司制度下历练出来的。当公司投资后告诉我"成功与失败就看你自己了"，在这种工作环境下，只能奋发努力，能力自然就被培养出来了。

问题11．您从藤田总经理那里学到了什么？

饭塚勇太：藤田总经理并没有手把手地教我们，但是在他身边，我学到了处理问题的决断方式、经营者的气魄等，这些都让我受益匪浅。

问题12．对自己的未来有什么设想吗？

饭冢勇太： 想通过自身努力，让CyberAgent
市值达到1万亿日元，营业利润超过1000亿日元。
希望自己在藤田总经理这个年龄的时候，能担任
CyberAgent的第二任总经理。

**问题13．CAJJ会议中，营收低的分公司总经理会
遭到总公司董事的严厉问责，那么，该公司会不会
把长期投资用的资金挪用到近期收益增长业务上？**

饭塚勇太： 这种经营行为是CyberAgent最不
能接受的行为。反而，为了长期战略进行投资导致
近期亏损的，会得到公司认可。

**问题14．如果不是市场原因，而是经营者本身
原因导致业务撤销时，总公司会不会更换他人接手**

继续开展该项业务呢？

饭塚勇太：不会只更换分公司经营者一人，而是所有员工都要更换。但是这种情况非常少见，几乎没遇到过。大部分原因是市场问题导致业务撤销。

2017年5月26日
收录于《ATAMI SEKAIE》

第三章

寺田仓库"迷你仓"云保管业务

三宅康之

人物介绍

三宅康之
（Yasuyuki Miyake）

寺田仓库股份有限公司的专务董事。

1970年生于日本神奈川县横须贺市。1995年毕业于东京经济大学经济系。加入寺田仓库后，三宅康之参与创建Bit Isle项目，于2011年担任公司董事。后担任天王洲岛CANAL SIDE开发协会代表董事（2015年）。此后为了提高天王洲岛⊖的知名度，先后组织举办了天王洲岛落语⊖会、雅加达

⊖ 位于日本东京都品川区的临海再开发区，现成为艺术文化事业聚集地。——译者注
⊖ 日本的传统曲艺形式之一，类似中国的相声。——译者注

落语会、今日艺术·日本、天王洲岛艺术周、天王洲岛CANAL FES等活动，向国内外推介天王洲岛。在此基础上还成立了天王洲岛CANAL SIDE开发协会，进一步加强了与当地各业务实体间的合作。

适才适用由员工自己做决定

　　我是寺田仓库的专务董事三宅康之。中野善寿董事长因为有一个与中国台湾地区方面的重要会议必须参加，所以由我替代他来做访谈。

　　中野善寿董事长的口头禅是"我要组建一支足球队"。他说的足球队并非真正的足球队，而是要把公司人员像足球队一样组织起来。

　　到目前为止，大多数日本公司都是金字塔形状的组织结构。高层管理人员决定公司大事，然后自上而下地下达命令。因此，最底层的员工只需等待上级指示，依令行事即可。

　　但是，现在如果还这样做，就会花费太多时间，导致公司丧失很多机会。公司的员工要像球员那样准确地判断在什么地方接球，然后再把球传到什么地方。如果没有这种瞬间判断的能力，公司很难在激烈的竞争中取胜。

此外，众所周知，适才适用对组织能力的提升有很大作用。中野善寿董事长一贯认为迅速且果断的判断不是由公司来做，而是由员工本人来做。

同时中野董事长还说过："员工应该在五年后辞职。"这句话的意思是：每个人都是潜力股，都有无限发展的可能性。为了最大限度地发挥自己的才能，个人就要拓宽视野寻找最适合自己发展的平台。中野善寿董事长不希望员工毫无进取心地待在寺田仓库混日子。

关键词：千年仓库、物品住的酒店

寺田仓库成立于1950年。最初寺田仓库稳定扎实地经营仓库业务，决定了适合自己的管理方法和企业文化。

但是到了2000年，由于准入制度放宽，其他行业和风险投资公司也纷纷进军仓库行业，导致行业发展态势发生了很大变化。在此之前，寺田仓库一直被大家称为"寺田储藏间"，市场份额在仓库业占据榜首，但市场环境骤变后，公司不经意间已落到了第17位。

在资料保管和经营收益方面，寺田仓库拥有悠久的历史和稳定的高收入。但是，后来者开始以低价进入市场时，价格竞争就爆发了。有的时候，我们被迫参与投标，结果是公司资料保管价格大幅下降。

这样下去，公司就越发难以经营。为此，中野善寿董事长、月森正宪专务执行董事还有我，我们三个人就寺田仓库的发展问题进行了讨论。

当时我们讨论的结果是：首先，必须保住中野善寿董事长最为看重的寺田仓库多年积累下的服务

品质和声誉。其次，B2C业务发展潜力巨大，并且不会被价格竞争左右，是我们今后发展的重点。B2B业务价格竞争激烈，要缩小这方面的业务，逐渐将业务集中到B2C上。这就是寺田仓库今后发展的方针和基调。那么，我们从何处着手发展B2C业务呢？

我们为客户保存过葡萄酒和艺术品，但是除了保管方法、相关知识和经验外，我们对产品本身的信息却了解不多。如果遇到在红酒和艺术品方面综合能力强大的对手，我们公司必败无疑。

于是，我们决定更进一步，打出了"千年仓库"的标语，提出了"物品住的酒店"这样的理念。

就像人们住的酒店一样，首先，我们要建好存放物品所需的硬件设施。其次，不仅限于物品的存放和保管，我们要针对物品本身进行全方位、无微不至的护理服务，从而提高它的附加价值。公司上下都要贯彻这种思想和理念。

此外，公司还要做好相关配套服务。如同名画一样，不管画本身有多么美妙，如果没有好的画框来装饰，那么它的价值也不会很高。仓库周边配套，包括街区配套，如果做不到位，那么仓库本身建得再好，其价值也不会高到哪里去。所以，我们从仓库内部到街区建设，做了全方位的配套工作。

天王洲岛也同步进行改革

为了实施这些计划，我首先承担了天王洲岛的街区建设工作。天王洲岛不仅有干净的滨水区和运河，还有得益于地区二次开发带来的完备的基础设施。它曾是日本东京的顶级旅游景点和最佳约会去处，不过后来慢慢淡出了人们的视线，在人们的印象里淡化为仅仅是通往羽田机场的必经之路而已。

潜力如此巨大的街区，竟然不被大家所关注，中野善寿董事长认为这与街区的宣传以及软件服务方面的滞后有很大关系。因此，不单是寺田仓库，寺田仓库所属街区也都积极行动起来参与到了改造活动中。这就是我们五年来的工作轨迹。

我们将需要保管、修复和再生的东西定义为"文化"。与千年仓库一样，"感受文化"也是寺田仓库的目标之一。

80%以上的顾客为富裕的人

公司客户中，80%以上为社会上比较富裕的人，他们的年收入可达2000万日元以上。面对这些人群，如何打造魅力空间？为此，在品牌建设方面，我们不遗余力。

在我们酒窖存酒的外国客户越来越多。同样，贵重品仓库的外国客户的数量也在逐年增加。商业无国界，我们真诚对待每一位外国客户，这就是中野善寿董事长的想法。

我们把公司业务集中到了B2C领域，在B2B领域中唯一保留的就是媒体中心，我们在这里储存电影胶片和磁性媒介物品。保留这一业务的原因是：我们认为图像、影像作为文化财富，具有较高的价值。同时，我们也积极开展数字化更新业务，例如将模拟信号转换为数字信号并进行高清录制（数字技术还原）。在这一领域，我们是日本最大的服务商。

积极促进艺术发展

在美术品的保存方面，我们保管库的质量堪比日本国立美术馆（图3-1）。

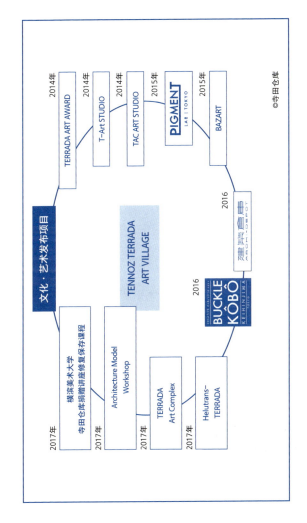

图3-1 艺术发展进程

除传统模拟信号之外，我们还开发了云画廊，实现模拟信号到数字信号的转化。

此外，我们还致力于艺术发展活动，比如设立各种奖项、开设画廊、运营"PIGMENT（绘画材料实验室）"、推出"BAZART（艺术共享服务）"、收集展示建筑模型的"建筑仓库博物馆"、开展促进艺术家相互交流与文化传播的"BUCKLEKOBO"业务等。

2016年9月，我们在东京天王洲岛开设了一家名为"TERRADA Art Complex"的画廊，它的天花板高度为5米，可以容纳大型作品。此外，公司还与横滨美术大学进行产学结合，委托大学为我们培养可修理、修复艺术品的年轻工匠。

提供舒适的空间

作为天王洲岛建设的一部分，我们通过自己举

办活动、与周边地区联合举办活动、邀请其他地区的人来本区举办活动等形式，积极推进城区振兴发展。

寺田仓库在国内外积极、有战略地开展媒体活动，迄今已有4303家海外媒体做过相关报道，我们公司网站的海外访问量累计至今已有120万次。随着公司在海外的知名度不断提高，近年来，越来越多的外国人来日本观光时会前来参观寺田仓库。

顺便说一句，我们在天王洲岛经营的T.Y.HARBOR餐厅，原本是20世纪50年代就存在着的一间仓库，我们把它翻新改造成了一间餐厅。这个仓库是我们公司的起点，因此我们还要再保留100年。经常有人问我为什么一家仓库公司去经营餐厅，这是因为寺田仓库的理念就是为大家"提供一个舒适的空间"。为人提供一个舒适的空间，也是我们的重要工作。

过去，寺田仓库外墙上画着相扑摔跤手的画，这也是街道配套改革的一部分。目前根据城市管理规定，墙壁上的画已经被清理，成为一片空白。不过，将来我们打算在这里让人画一幅新的艺术作品。

我们通过开展仓库服务的全球性活动，提升天王洲岛的知名度。仓储空间与公司想打造的艺术品牌具有良好的兼容性，我们的客户也在媒体上对寺田仓库做了很高的评价。

此外，我们还利用滨水区这一特色，正在建设、运营水上会议设施。

服务于社会的全球化人才

立足于公司，服务于社会，这是我们公司新的人才培养基本方针。

从创业至2017年，寺田仓库已有67年的历史。

我们每个员工的在职服务时间共76个月，目前员工的平均年龄为37岁，其中70％的员工不满40岁。

我们的员工人数曾经一度接近1000人。但之后，公司决定以小规模、快速、高质量发展为经营方针，逐步减少人工数量。2017年员工人数为105人，男女比例为1∶1，与其他日本企业相比，女员工的雇用比例很高。

此外，我们公司中外籍雇员的比例也很高，有来自8个国家的雇员。在仓储公司中，我们的全球化发展趋势明显。

新人事制度的本质（图3-2）

5年后辞职

关于公司新的人事制度，中野善寿董事长的"员工应在5年后辞职"这样的言论曾引起轩然大

目标

5年后辞职	具备生存能力
两张"名片"	高收入
掌握生存技能	会英语

旨在提高人与组织的专业化水平

©寺田仓库

图3-2　新人事制度的本质

波。但实际上，公司不会强迫员工任职5年后辞职，而是让员工在5年的时间里认真地审视自己，想清楚自己想做什么和能做什么。

两张"名片"

公司不仅不会禁止员工从事兼职和副业，甚至会鼓励他们这样做。

掌握生存技能

寺田仓库是拥有100名左右员工的企业。哪天董事长想关掉公司的话，公司就没有了。因此，我们的员工平日里就要培养去哪里都能独当一面的能力。

高收入

我们特意给员工定的薪资水平比业界其他企业要高出2～3成，而且几乎不用加班。公司想给员工传递的信息是：请为自己的将来投资时间和金钱。

会英语

托业⊖600分、日本簿记三级水平⊖是员工

⊖ 国际交流英语考试，是美国教育考试服务中心针对母语为非英语的人士设计的考试。——译者注
⊖ 日本簿记考试相当于国内的会计考试，三级水平是初步的会计技能，主要面向小店主等不需要专业会计知识的岗位。——译者注

必须达到的基本指标。如果不达标，则年薪减少5%。

所有员工的
劳务合同都每年一签

在日本，正式员工几乎等同于终身雇用。但是退休制度本身就意味着正式员工也是固定期限内的雇用人员。因此，在修改人事制度时，我们取消了"正式工"和"合同工"的称呼，将他们全部改为劳务合同每年一签的"员工"（图3-3）。

在法律上与公司签订终身雇佣合同的员工（所谓的正式员工），根据其本人意愿，公司将为他提供仅限1次的调整机会：年薪增加20%，但雇佣合同由终身制改为棒球运动员那样的年度合同（图3-4）。不过以下人员除外：连续工

废弃以下名称

正式工
合同工

员工

○ 因为有合同期限，所以员工都是有
  期限的雇用
→ 60岁退休，事实上是大规模裁员！

○ 重新修正不公平待遇
→ 合同期限并无意义

①一年合同

②退休合同

©寺田仓库

图3-3　雇用形态

签订退休合同的员工，可自愿改成一年合同

提高年薪制度标准金额的20%，签订合同

条件

- 每人只有1次机会
- 培养范围（未满30岁不适用该内容）
- 55岁以上者不适用本内容
- 年收入在800万日元以上的员工不适用本内容
- 连续工作时间未满一年的员工不适用本内容

©寺田仓库

图3-4　合同选择制度

作时间未满1年；30岁以下者；55岁以上者；年收入在800万日元以上者。

考核方法与专业棒球选手相同

关于薪资制度，我们取消了以往人事制度的基础——等级制，使年收入真正体现该员工的"评价与价值"。薪资发放方面有两种方式供员工自由选择：每月发放年薪的1/12；或者每月发放年薪的1/14，但6月和12月发放双薪。

对员工进行考核时，考虑的因素包括：目标实现的过程、行动、成果、期望等（图3-5）。

关于目标，首先业务小组要设定任务、团队、创新点等内容；个人目标包括任务、团队、创新点和挑战。员工可以挑战任何项目。

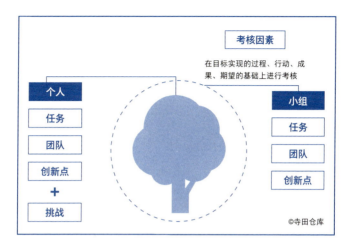

考核因素

在目标实现的过程、行动、成果、期望的基础上进行考核

个人

任务

团队

创新点

+

挑战

小组

任务

团队

创新点

©寺田仓库

图3-5　评估制度

考核时与职业棒球选手的做法相同。例如，在2016年，日本火腿斗士队的中田翔年仅27岁，他以2.8亿日元的年薪与俱乐部签约。但当年他的平均击球率为25%，绝对不算高。尽管如此，他仍能获得较高年薪的原因是：他能点燃球迷们的期望之火，只要他在，就没问题。出于同样的原因，"期望"也包含在我们的考核内容之中。

硬币制度

为了改善沟通质量，提高工作效率，我们创建了企业硬币制度。硬币分5种：金、银、铜、笑脸和骷髅，它们分别代表50000日元、10000日元、5000日元、1000日元和负5000日元。员工每人发放代表20万日元的硬币，员工之间可以用它来互相交换，或者奖励工作出色的员工，或者感谢他人的帮助。公司每年提供两次硬币换现金的机会。这种硬币在公司内不论职位高低，谁都可以用，骷髅硬币也可以像其他硬币一样被使用，我曾收到过，中野善寿董事长也曾收到过。

迷你仓

迷你仓是一项云服务，它允许任何人随时随地访问自己的仓库。这一项目创立于2012年9月。

服务开始时，仓库业的竞争日趋激烈，我们别无选择，只能采取扩张的道路来取胜。那时，我们也为个人提供储物间业务，但随着房地产行业的渗透，该业务达到饱和状态。恶性价格竞争、其他公司业务分包等情况迫使我们不得不增加人手，扩充设施数量。

但是，这明显与中野董事长的经营理念相悖。因此，为了生存，在2011年我们开始考虑开展新一代仓库/储物间业务。

当时，我们事先决定了三项原则。这些原则必须坚持，不能丢弃。

（1）即便是仓库管理公司，自身也要创建服务项目，开展营销活动。

（2）必须适应不断发展的市场变化。

（3）必须与寺田仓库的特征符合，即业务仅限于"保存、保管"和"物品管理方法"。

于是，迷你仓业务由此诞生。

废止复杂、奇怪的合同与收费制度

在推出迷你仓前，我们要做的是弄清楚我们所面临的挑战。

我们首先面临的挑战是复杂、奇怪的合同和收费制度。普通民众想清理家里不用的东西时，很难想到通过仓库公司来解决问题。这是因为他们不了解仓库公司的业务内容。

即便有人浏览仓库公司的网站，也往往因"签订合同时需要担保人员"这样的条款而感到麻烦和困惑，再加上管理费用的规定复杂难懂，因此往往就此打住，不会继续联系。

为了解决这个问题，我们决定废止"按次付

费"制度，同时，我们决定一并取消仓库占位费和物品运费，采用每个纸箱每月250日元这样简单的收费制度。

另一个问题是人们很容易忘记在仓库存放了东西。很多人在仓库公司的储藏间存放物品后，很容易忘记存放的是什么物品。更有甚者，他们还会忘记曾经存放过物品。尽管如此，却还要每个月被扣除保管费，对客户来讲，这种消费体验并不友好。另外，在储存方式上，物品集中堆放在一起，非常杂乱，寻找起来很不方便。

为了化解这个难题，我们想出了一个办法：打开包装盒，为盒子里面的每件物品拍照、存档，并将它们上传到公司主页上。客户登录"我的页面"后即可查看自己所存放的物品。之前，面向法人提供物流服务时，我们就曾做过加工：打开包装，在每一件物品上贴了标签，方便寻找。

但是，由于个人物品中包含纪念品，它一旦

损坏就无法复原和偿还，所以原则上我们禁止用手触碰。因此，打开包装，拍摄每件物品并上传到公司网站数据库，对我们来说是一个巨大的挑战。但是一旦下定决心去做，这个困难我们也克服了。

就这样，公司业务取得了迅猛发展。不过，如果客户要求不能打开包装时，我们会猜测一下包裹的内容并妥善保管。因为能够识别内部内容，所以我们可以提供更多的服务选项。例如，保管的衣服出库前我们可以提供干洗服务，相册或录像带出库前我们可以提供数字化转化服务等。

此外，我们还采纳了雅虎网站的建议，把客人不要的物品直接放在雅虎网站上拍卖，并代为提供出货和配送服务。

如果客户在旅行目的地想要使用他们在寺田仓库保管的物品，我们可以从仓库直接寄到他们入住的酒店。

将运营机制平台化，同时为其他公司提供服务

　　迷你仓自2012年推出至2017年，管理的物品数量已超过1600万件。这些物品不是成批次的货物，而是单件物品。这个数字足以说明公司业务能力的强大。正是多年来积累的专业知识，我们才能做到这种程度，这是让人非常自豪的成绩。

　　客户存放的物品以服装最多，其次是书籍和漫画，再次是收藏模型。关于收藏模型，我想多说几句。不同于其他物品，客户并不是主动找到我们并要求保管收藏模型的，而是我们全体员工一起去了动漫市场，分发"我们可以提供最好的保管服务"这样的传单，向玩家推广迷你仓服务，做了很多努力才得来的成绩。

　　迷你仓不仅能管理物品，还能让物品动起来，是一种动态物流服务。

此外，我们还将迷你仓服务平台化，积极开拓与第三方公司的合作模式。注意不是承包这些公司的物流服务，而是平等地开展业务合作。不论对方是什么行业，只要有创意，三个月内我们就能为客户构建系统。

例如，我们与万代公司合作，提供保管、管理收藏模型的服务。此外，我们还和淀川制钢的YODOKO合作，推广大件物品的云仓库服务，保管诸如雪橇、露营设备这种无法装入纸箱的大件物品。

我们在选择合作伙伴时，并不以公司规模大小为标准。现有的仓库和物流公司在与初创公司、风险投资公司洽谈仓储物流服务时，往往顾虑重重。但是，如果对方从事的是前所未有的创新项目，而且每位员工工作热情高涨，那么寺田仓库将积极为他们提供迷你仓服务，有时甚至会为其投资。

与"云衣"合作

我公司自2015年起与提供时装租赁服务的"云衣"开展合作。

"云衣"有一项按月付费的会员制服务，顾客登录"云衣"网站，提交个人资料后，"云衣"的专业造型师就可以根据这些数据定期为顾客寄送几件适合顾客的衣服。顾客用完这些衣服退还给"云衣"后，会接着收到另一批造型师推荐的衣服。这是一种租赁期限自由的服务，而且顾客在归还衣服时也不需要清洗。如果特别喜欢某件衣服，还可以直接买下。寺田仓库负责衣服的保管和清洗、整理等业务。

艺术共享服务

BAZART（艺术共享服务）提供了一个连接

年轻艺术家和顾客的平台。我们把BAZART选定的作品保管好，并上传到网站上。用户可以租用自己喜欢的作品，每月租金为1300日元，租期最长为6个月。

此外，寺田仓库还为一家初创公司提供物流支持，这家公司的业务是将日本购物网站上的商品转发海外。寺田仓库还有云端保管红酒的"寺田红酒存储"项目、线上线下经营美术用品的商店PIGMENT项目等，更有世界上第一幢虚拟艺术馆综合体。另外，我们还在积极筹划为那些有前途的年轻建筑师提供展览空间。

迷你仓应用程序接口

迷你仓的基本业务就是物品的保管、保存和保养等（图3-6）。

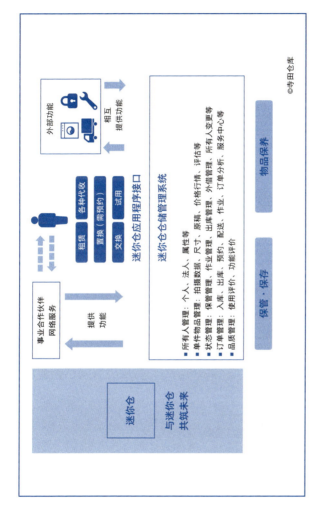

图3-6 迷你仓的运作

©寺田仓库

首先，我们将从不同的业务合作伙伴那里了解他们的创意，然后制订可操作计划，使之系统化。我们尤其致力于使用互联网信息技术进行市场化营销。我们的自我定位不是分包商，而是合作伙伴。与合作企业一起创造新的价值，是寺田仓库的风格特点。

寺田仓库的目标是成为一家强大的公司。那么强大体现在哪里呢？寺田仓库的强大并不是销售收入方面的强大，而是有一份稳健的资产负债表。7年前，寺田仓库的销售额约为800亿日元，利润为2亿～3亿日元。而现在，销售额虽降至100亿日元左右，但利润已超过10亿日元。

一家规模小而精悍的公司，就像肌肤能感受到极速前进的摩托车的风速一样。这就是公司董事长中野善寿理想中的寺田仓库。

作者访谈——三宅康之

问题1. 这5年间，寺田仓库好像做了很多投资项目。请问资金是如何筹措的？

三宅康之：为了将资金集中到总公司的所在地天王洲岛，我们减少了分店，并处置了其他地区的资产。另外，卖掉已上市的BIT ISLE公司，将资金全部用来集中投资。公司在财务方面严格管控，保证投资不会严重影响资产负债表的各种数据。

问题2. 中野善寿董事长是何时参与寺田仓库的经营活动的?

三宅康之:中野善寿在成为公司董事长前的30年就一直以顾问的方式参与寺田仓库的经营。2010年现任董事长寺田保信决定寺田仓库的下一任掌舵者为中野善寿,于是诚挚邀请正在中国台湾的一个企业担当重任的中野善寿接管寺田仓库。

问题3. 国外客户一般都是哪些人?会存放什么物品?

三宅康之:处于安全方面的考虑,即便是公司董事也不能访问客户名单,因此我本人对此并无确切信息。不过,国外客户对我们有较高的评价,认为东西存放在我们公司非常安全,并且我们公司的防灾能力强大。

问题4. 虽说适才适用由员工自己决定，但实际上运行这一制度的是公司。我想肯定很多员工没能实现自己的想法。请问这方面，公司是怎么考虑的？

三宅康之：我们公司里面，基本上所有员工都可以选择自己喜欢的部门，所以并没有一般意义上的人事变动。有时，有的部门会提出"想要这个员工"的申请，这时我们会尊重员工本人的意愿。不过，年龄不满30岁正在"培养中"的员工，考虑到其个人能力和职业发展可能性，人事的相关人员会介入并提供相关指导。

问题5. 请问员工评价制度是如何实施的？

三宅康之：首先，与各个小组的管理者进行充分的讨论，确定小组的任务、创新点、挑战目标。其次，让小组成员思考如何达成小组目标，并以此形成个人目标。个人目标的达成情况就是该名员工的考核内容。不过，公司不会机械性地打分考核，而是根据每个人的个性和能力，花费很长时间进行评估。

问题6. 中野善寿董事长的语录中有"认清极限，创造极限"这句话。具体是什么意思呢？

三宅康之：认清极限是指认清自己能力的大小；创造极限是指设定终极目标，保持紧张感，积极努力地去实现它。这与他"5年辞职"所蕴含的思想是一致的。

问题7. 贵公司的员工最欣赏工作或公司的哪一点？

三宅康之：曾经，工作稳定和终身雇用这一人事制度对大多数员工来说充满吸引力。但是现在对于新一代员工来说，公司能赋予自己"存在的价值"才是意义所在，而且有很多员工喜欢在变化中不断挑战各种有趣的事物。

2017年5月27日
收录于《ATAMI SEKAIE》

* 补充
寺田仓库发展变化非常迅猛，目前公司发展的轨道相较于收录时，已有很大变化。